윤수영 지음

# 엄마, 이제는 눈물이네요!

참으로 부끄럽습니다. 엄마의 노후를 따뜻하게 보살피지 못한 바보였습니다. 평생 고통으로 살아온 엄마, 나는 엄마처럼 살지 않겠다면서 내 길에서만 허둥거렸습니다. 엄마는 몸이 점점 작아지면서도 외롭다거나 아프다는 말로 내 발목을 잡지 않았습니다. 언제나 나를 보호해주는 지붕 같은 존재였습니다.

"우리 믿는 사람들은 천국이 있으니 잘 살아야해."라는 말로 정직하게 살라고 다독여주며, 당신도 굽이굽이 닥쳐오는 고난을 하나님께 의지하며 바르게 살아오셨습니다. 하지만 우리는 정신적으로나 행동으로나 모범적인 삶으로 인도해주신 엄마에게 흐뭇한 기쁨을 안겨드리지 못한 자식이었습니다.

겁쟁이었던 나는 늙었다는 두려움에 사로잡혀 엄마를 모시지 못한 죄인이었습니다. 용서받고 싶은데, 엄마는 어디에도 계시지 않아서, 늘 말씀하시던 천국을 향해 글을 씁니다.

엄마가 그리울 때면 글로 쓸 수 있음도 엄마가 가르친 덕입니다. 항상 내 앞길만 염려했던 자신이 부끄럽습니다.

저자 윤수영

▷ 차 례

엄마,

이제는 눈물이네요!

## 그곳은 평안하신지요?

사랑으로 생명을 잉태하는 사람이 엄마요, 세상 밖으로 내보내 성인으로 성장하기까지 품어주는 사람이 엄마입니다. 한평생 살아가는 삶의 근원이 되며 의지하는 존재입니다. 누구에게나 모든 엄마는 다 그런 사람이기에 지금까지 나는 무심히 살아왔습니다.

주위로부터 부모가 떠나시면 후회만 남는다는 말을 들었을 때, 그럴 것이라고 고개를 끄덕이면서도 구체적으로 무엇을 어떻게 하는 것이 후회하지 않는 길인지 헤아리려고 바삐 서두르지 않았습니다. 따뜻한 말과 보살핌으로 연로하신 엄마에게 평안과 기쁨을 드리는 방법을 강구했어야 했는데…. 무엇을 해야 하나 머뭇거리는 동안 세월이 흘렀습니다. 그러던 어느 날 문득 엄마가 떠나셨습니다.

길에서 넘어진 후, 요양원에서 긴 시간을 보내다가 홀연히 가셨습니다. 떠나기 바로 전 월요일 점심에 죽을 드렸는데 수요일 아침에 떠나셨다는 통보에 멍했습니다. 그때야 누구나 후회한다는 말이 가슴에 닿았고, 단순한 후회를 넘어 큰 잘못을 저지른 죄인이 되었습니다. 그동안 가까이 다가가서 따뜻한 위로와 사랑을 전하지 못했다는 것이 슬픔의 눈물로 쏟아집니다. 아무리 뼈저리게 통회해도 이제는 나를 용서해 줄 엄마가 곁에 계시지 않습니다.

길에서 넘어졌던 93세까지는 다섯 자식들이 염려하지 않을 정도로 건강하셨습니다. 가끔 만나도 허리나 무릎이 아프다거나 외롭다는 등의 말로 우리들에게 걱정을 주지 않았고, 충치가 하나도 없어서 스켈링 이외는 치과를 찾지 않았습니다.

길에서 넘어지시면서 아기가 되었습니다. 지금까지 성도들과 교회생활로 나날을 즐겁게 보내던 엄마가 갑자기 삶을 놓아버리고는 우두커니 하늘바라기가 되었습니다. 두 아들과 내가 교대로 보살피는 시간이 길어지면서 엄마는 짐이 되어 갔습니다. 어느 자식도 모시겠다고 나서지 않았습니다. 70대 중반의 나는 친한 친구가 세상을 떠나고, 치매로 입원한 친구로 인해서 곧 닥칠지도 모를 내 죽음에 전전긍긍하느라 모시겠다는 용기를 내지 못했습니다. 어쩔 수 없이 나는 엄마를 요양원으로 인도한 죄인이 되었습니다.

아버지가 돌아가셨을 때, 나만 결혼해서 독립했고, 남은 네 자식을 홀로 키우고 가르쳤습니다. 자식들이 성장하여 각각 가정을 이루자, 직장에 다니는 둘째 딸의 아이들을 돌보아주면서 신앙생활에 몰두하시며 살았습니다. 하나님은 교회생활에 즐겁고 바쁘게 사는 엄마를 사랑하셔서 화평한 가운데 부르시리라 믿고, 조금도 염려하지 않았습니다.

누워서 지내는 동안 서서히 살이 빠져 앙상한 뼈와 손등에 핏줄이 거미줄처럼 드러났을 때, 아! 이렇게 마르다가 숨이 끊어지는 자연사가 행복한 죽음이 아니구나. 차라리 심장마비나 뇌졸중으로 빨리 죽는 것이 좋겠다고 생각했습니다. 생명은 마음대로 할 수 없음에 점점 다가오는 죽음이 두려워 매일 천국과 지옥을 오갔습니다.

엄마의 마지막 삶을 보면서 내 죽음을 걱정했다는 후회가 뼈에 사무칩니다. 해를 넘기실 것으로 확신할 만큼 죽도 잘 드시고 정신도 맑았는데. 불현듯 떠나시자, 엄마에게 잘못했던 것들이 하나 둘 떠오르며 눈물이 한없이 쏟아집니다. 돌이켜보니 거창하지 않아도 아주 작은 것으로 자주 기쁨을 드렸어야 했는데…. 살아계실 때 잘하라는 선인들의 말씀이 바로 이런 것이었나 봅니다. 그치지 않는 슬픔을 누를 길 없어 용서를 구하는 글을 씁니다. 말하자면 반성문입니다. 반성문으로라도 하늘에 계신 엄마에게 전하고 싶습니다.

이따금 가던 길 멈추고, 엄마의 마음을 이해하고 돌보아야 했는데 멈출 수 있는 지혜도 없었습니다. 그냥 앞으로만 향하고 뒤를 돌아보지 않았습니다. 가정경제를 위한 장사와 자식들의 교육과 살림이라는 여러 가지 일에 파묻혀 엄마는 하루하루를 바쁘게 살았습니다. 나도 직장과 가정생활로 동동거리며 사느라고 친정 동생들과 기쁨의 시간을 자주 갖지 못하고 지냈습니다. 동생들에게 문제가 생기면 맏딸로서 엄마를 대신하는 선장역할을 해야 함에도 불구하고 의도적으로 피하며 이기적으로 살아왔습니다.

내게 지붕이었던 엄마가 사라졌습니다. 비올 때 가려주고 햇빛을 막아 주었던 지붕이 날아가 버렸습니다. 세상에 나를 보호해주고 사랑해주었던 단 한 분이었던 엄마.

떠나시고 나니, 어렸을 때 보고 들었던 엄마의 아득한 고통이 영화의 화면처럼 살아납니다. 그런 기억의 파편들을 시시때때로 돌이키면서 살았더라면, 엄마가 누구엔가 인정받기를 원하는 말을 하실 때 거짓으로라도 응원했을 텐데. 응원함으로써 기쁨을 드릴 수 있었는데, 나는 엄마의 가르침대로 정직에만 골몰했습니다. 그래도 엄마는 언제나 나를 보호해 주는 지붕이었습니다.

50여 년 전 대학교 채플시간에 "믿음의 식구들은 이 세상에서 끝남이 아니다. 하늘나라에 가서도 같이 산다. 이성의 세계가 아니라 영성의 세계는 생사(生死)가 없기 때문에 하늘나라는 한없이 즐거우며 우리는 죽는 것이 아니라 옷을 갈아입는다."고 들었던 목사님의 말씀이 이제야 떠오릅니다.

늘 우리들에게 천국이 있어서 잘 살아야한다고 말씀하셨는데, 평생 바라시던 대로 부모님과 남편을 만나 잘 지내시지요? 우리들에게 아프다는 말 한마디도 없이 외롭게 지내시다가 아버지와 같은 날에 떠나셨습니다. 아버지와 같은 날을 택하느라고 그토록 긴 날을 견디셨나봅니다. 그곳으로 가는 길이 몹시 힘들었습니까.

엄마! 이제는 평안하신지요.

# 너무나 더웠던 여름

지난여름은 무척 더웠다. 더위가 평년의 기온을 웃돌아 35도를 넘는 날이 연속되었다. 더위로 인한 사망자가 48명에 이르고, 111년 만의 폭염이라는 보도에 사람들은 더위와 싸우며 지내느라고 힘든 여름을 보냈다. 어찌할 수 없는 자연의 위력에 눌려 매일매일 더위와 씨름하면서 지구의 온난화에 따른 대책을 강구해야한다는 목소리만 높아갔다. 어떤 사람들은 더위를 피하려고 백화점이나 은행으로 가는가 하면, 노인들은 더위를 견디느라고 무료전철에서 헤맸다.

열대야현상으로 밤에는 수면을 취하기가 어려웠다. 만나는 사람마다 '더위에 어떻게 지내십니까?'가 화두였다. 그런 더위에도 일상생활을 계속하기 위하여 저녁 밥 짓는 시간부터 잠을 취하기 직전까지만 에어컨을 이용했다. 너무 오래된 기계라 전기가 많이 소모된다는 말에 꼭 필요한 시간만 사용했다.

문명이 발전한 21세기에 들어서면서, 인간의 수명이 길어지는 장수시대로 가고 있다며 신문과 텔레비전에서는 노인을 사회의 큰 문제로 앞을 다투어 자주 거론하고 있다. 99세까지 팔팔하게 살다가 이삼일 앓고 죽는 것이 행복이라는 구호가 판을 치는가 하면, 장수는 재앙이라는 말도 거침없이 나오고 있다. 장수하는 사람들이 많이 늘어나면서 고령화 사회로 진입하고 있는 가운데, 그에 따른 문제도 많거니와 뚜렷한 대책도 없다. 오직 주위에 피해를 주지 않고 살다가 떠나고 싶은 것이 고령노인들의 공통된 소망이 아닐까.

죽음에 가까운 나이에 이른 노년은 육체적 고통이 따르기 마련이라 미래가 두렵고 불안하다. 하지만 아프지 않으면 노년의 시기는 축복의 시간이 되기도 한다. 나카노 고지가 '무엇이든 해도 되고 무엇도 하지 않아도 되는, 완전한 휴식과 자유를 가진 시기이다.(『행복한 노년의 삶』)'라고 했듯이 나를 옭아매는 그물에서 벗어나 '지금 여기'만을 누리며 즐겁게 살 수 있다. 말하자면 '내일은 없다'는 심정으로 오늘을 마음가는 대로 사는 특권을 누릴 수 있는 시기다. 노자는 '사람의 생명은 자신에게 있으며 하늘에 있지 않다.'라는 말로 노년의 삶은 스스로 책임을 담당하라고 했다. 사실 세상에 태어나면서부터 노년에 이르기까지를 곰곰이 돌이켜보면, 성년이 된 이후로는 결혼하고 자식을 낳아 기르며 교육하는데 전 생애를 소비했다. 이 짐에서 벗어나 완전한 자유를 얻은 시기가 노년이다. 아프지 않으면 살아있는 동안 하고 싶었던 일들을 하나씩 들추어 체험하는 즐거움과 풍요로움을 만끽할 수도 있는 시기다.

하지만 농경사회에서 산업사회를 거쳐 정보사회로 급변하는 동안, 일제식민지와 한국전쟁을 겪으며 살아온 우리나라 노년들은 자식들을 먹이고 가르치는데 모든 삶을 바쳤다. 그러다보니 자신은 그냥 떠밀려 살아왔을 뿐, 노년의 삶을 미리 예측하지도 준비도 못했다. 거기에 앞선 시대에는 인간의 수명이 70세 전후였기 때문에 장수를 모범으로 보인 자가 거의 없어서 노년의 삶은 황무지였다.

이렇게 노년의 문제로 사회가 떠드는 데도 90대 중반으로 들어선 나의 엄마는 별로 걱정하지 않았고, 언젠가는 돌아가신다는 생각을 해보지도 않았다. 그만큼 엄마는 나를 불안하게 하지 않았다. 엄마로부터 늙어서 외롭다거나 허리가 아프다는 등의 말을 듣지 못했기 때문이다. 같은 공간에서 많은 시간을 함께 살지 않은 이유도 있겠지만, 평생을 힘들게 살면서도 엄마는 신세타령도, 누구에 대한 원망도 하지 않았다.

그래서 나는 오직 한 번뿐인 내 삶을 어떻게 살 것인가에 대해서만 걱정을 했지, 엄마는 언제나 살아계시는 존재로 여겼고, 늙음과 죽음은 내 문제였다. 돈독한 신앙으로 세상의 욕심을 갈망하지 않았고, 오직 성도들과 교제하며 하나님의 말씀에 순종하는 엄마의 삶은 끝까지 편히 인도되리라 믿었다.

인도에서는 예순 살을 '산으로 가는 나이'라며 스스로 삶을 정리한다고 하지만, 어찌 살다보니 나도 70대 중반을 넘어서고 있었다. 마음은 아직도 노년이라고 하지 않는데, 길에서 지팡이를 짚고 가는 노인들이 거울로 내 앞길을 비춘다. 그때마다 육체와 정신이 약해지고 지금 무엇을 할 때인가를 헤아리게 된다. 나무그늘 아래에 앉아서 오고 가는 사람들을 멍한 눈으로 바라보는 노인들을 보면, 나도 곧 그 자리에 있을 것이라는 불길한 쪽으로 기울어지곤 했다. 모든 욕심을 내려놓고 자유를 누리는 휴식의 시간으로 생각하지 못했다. 시간을 뜻있게 보내는 노인들이 존경스러웠고, 얼마 남지 않은 시간을 끝까지 최선을 다하는 노인에 감명을 받았다. 그런 관심은 어디까지나 내 미래를 위한 것이었다.

생소한 직업 '웰다잉 플래너'에 종사하는 강원남은 '나의 직업은 사람들이 행복한 죽음을 맞이할 수 있도록 도와주는 직업(『누구나 죽음은 처음입니다』)'이며 누구나 맞이하게 되는 죽음을 도와주는 일을 하고 있다. 많은 노인들에게 행복한 죽음을 전하며, 실제로 죽어가는 많은 사람들을 살핀 그는 '사람은 살아온 모습 그대로 죽는다'는 결론을 내리면서, 그것이 세상을 바라보는 공식이 되었고, 삶을 살아가는 신념이 되었다고 한다.

뒤늦게야 '살아온 모습 그대로 죽는다'는 결론에 접하면서, 지난해 봄에 홀연히 떠나신 엄마가 생각났다. 어떤 모습으로 내 가슴에 남았는지. 그동안 오래 누워 있었는데도 나는 엄마의 죽음을 걱정도 준비도 하지 않은 채 무심했다. 과연 엄마는 남은 시간이 얼마 남지 않았음을 알고 마음을 다스렸을까.

무더위가 나라 전체를 흔드는 여름에, 나는 엄마에 대한 슬픔과 후회로 깊은 늪에 빠져 허우적거리며 헤맸다. 엄마가 누워 계신 동안에도 사람은 태어나 늙고 병들어 죽는다는 사실을 당연한 진리로 믿으며 언젠가는 떠나시겠지…. 막연히 생각하면서, 엄마보다 내 늙음과 죽음의 길에 빠져있었다. 그러던 차에 엄마가 세상을 떠나자, 예상하지 못한 과오가 끝없이 솟구쳤다. 생각할수록 자책감이 계속 꼬리를 물고 나왔다. 나보다 앞선 엄마의 노년은 생각하지 않고 오로지 내 삶에만 치우쳐 있었다. 돌아가신 시점부터 장례식을 치르기까지도 나오지 않았던 눈물이 엄마를 순복음교회 묘지에 묻고 온 후, 끊임없이 되살아나는 통한과 더불어 엄마가 지내왔던 삶의 흔적들이 계속 이어져 떠올랐다.

길에서 넘어지시기까지 엄마의 건강을 염려하지 않았다. 늙으면 아기가 된다는 말도 잊고 지냈다. 평생을 선한 마음으로 주위에 어려운 사람을 당신의 일처럼 도우며 바쁘게 사시는 엄마는 우울하거나 외로울 틈이 없고, 그래서 엄마는 오랜 시간 고통을 겪지 않고 쉽게 떠나실 것으로만 생각했다.

추가옥은 『우리가 결코 알지 못하는 노년의 삶』에서 '늙지 않는 사람은 아무도 없다. 나이 들면서 불리한 인체라던가 노인의 특성을 이해하고, 노인의 삶의 방식을 인정하려고 미리 살펴야 한다.'고 했다. 엄마를 노인으로 돌보아야 한다고 생각하지 않고 무관심하게 보냈다는 실책이 가슴을 친다. 또한 언젠가는 이별한다는 생각도 없이 내 앞길을 헤쳐 나가기에만 심혈을 기울였다.

그렇게 엄마를 무심결에 보낸 경지의 습관을 가지게 된 데는 엄마보다 오히려 내 몸이 늘 감기와 불면증 같은 육체적 허약에서 헤어나지 못할 정도로 부실했기 때문이다. 나는 평생을 잔병에 시달리는 바람에 내 몸 아픈 것만 생각했지, 한 번도 아프다는 말을 하지 않은 엄마는 건강을 타고난 사람으로 여기고 돌볼 생각을 조금도 하지 않았다. 엄마에게도 육체적으로나 정신적으로 힘든 외로운 노년이 있을 거라고 왜 짐작하지 못했던가.

항상 내 죽음만을 미리 염려하면서 배우 유순웅이 염쟁이의 일생을 연기한 연극 「염쟁이 유씨」를 보기도 했다. 주제는 죽음인데, 시체를 닦고, 옷을 입혀서 관에 넣음으로써, 이 세상을 떠나는 사람의 마지막을 담당하는 자가 살았을 때의 삶이 마지막에 나타나는 모습을 표현하는 '1인극'이었다.

천하의 천한 직업을 물려받지 않으려고 애썼지만, 아버지는 염쟁이의 성실과 지혜를 내세워 유씨를 기어코 염쟁이로 만들었다. 앞에 앉은 몇 명의 관객을 동원하여서 시체를 나르거나, '아이고'를 외치는 등의 역을 맡긴 '1인극'이었다.

죽은 사람을 씻기며, 삶과 죽음에 관하여 말한다. 벼락을 맞아 죽은 정치가, 재산을 가지고 싸우는 형제자매에게 호통을 치기도 한다. 죽음을 말하지만 사실은 삶에 관한 것이었다. 죽음이 있기에 삶이 행복한 것이다. 그래서 잘 죽기 위해서는 잘 살아야한다는 목표를 제시한다.

죽음은 가장 자연스런 인생의 종말이기에, 철학자 소광희(『시간의 철학적 성찰』)는 죽음이 없다면 종교도 예술도 철학도 과학도 생겨나지 않았을 것이라고 했다. '고대 이집트인들이 시체를 미라로 만들고 영혼이 별로 재생한다고 믿는 것이나, 고대 그리스 철학과 불교에서 윤회전생을 교설하는 것, 그리스도교가 죽었다가 다시 살아서 영원히 사는 천국'을 역설하는 것은 인간이 영생을 절실하게 소망하기 때문이리라.

이렇게 종교나 철학에서는 죽음을 통해서 현재의 삶이 나아갈 방향을 제시한다. 하지만 보통 사람들은 매일매일 그냥 살아갈 뿐이다. 누구나 사는 일에 쫓기다 보면 시간이 가고 몸은 절로 늙는다. 나 또한 주어진 내 삶에 열중하느라고 엄마에게 무심했다. 떠나시고야 아주 어려서 들었던 일들이 아스라이 떠올랐다. 그런 기억의의 파편들이 부지런히 글로 쓰라고 재촉했다. 얼마나 엄마의 진실한 삶에 도달할지 모르지만, 그 삶을 기록하다 보니 내 마음이 진정되기 시작했다. 결과적으로 반성문조차 나를 위한 길이었다.

반성문을 쓰는 여름에도 엄마는 나를 응원하고 있다는 생각이 들었다. 어느 날 '고등학교 교사로 계속 근무했더라면 연금이라도 받을 텐데, 헛된 공부하느라고 힘만 들었다'는 후회를 고백했을 때, 엄마는 '잘했다, 후회하지 마라 자기가 하고 싶은 것을 하는 것이 잘한 일이야'라는 답을 주셨다. 초등학교밖에 나오지 않은 엄마가 제시한 어마어마한 철학적인 해답을 떠올리며 더위를 잊었다.

여러 대학의 강의를 떠나 글 쓰는 길에 들어섰을 때, 어느 노인대학에서 강의요청을 받았다. 수준 높은 노인들의 모임으로 알려진 곳이었다. 그분들에게 맞는 강의를 할 자신이 없어서, 내가 읽은 글 가운데 감동 받았던 글을 읽어드렸다. 여러 편의 글 가운데 목성균의 「행복한 군고구마」의 읽기가 끝났을 때, 박수가 쏟아졌다. 역시 어려운 세대를 살아온 노년들의 마음은 순수했다. 왜 이런 글들을 엄마에게는 읽어드리지 못했을까. 살아계셨을 때 엄마의 마음에 기쁨을 드렸더라면….

나는 엄마가 잠시도 편하게 누워있는 모습을 보지 못했다. 그린벨트에 사는 우리 집 근처에는 학원이 없어서, 중학교 3년인 아들을 겨울방학 한 달 동안 외할머니(여동생 집)에게 보내 학원을 다니게 했었다. 한 달 만에 돌아온 아들이 "잠시도 쉬지 않는 모습이 외할머니와 엄마가 똑같아요."라는 말에 아! 그래 나는 엄마로부터 받은 불씨를 바탕으로 살아가고 있구나! 내가 평생 엄마와 다투지 않고 살면서 생활 습관이 같은 것은 엄마를 닮은 본성이라고 어렴풋이 짐작한 적이 있었다.

똑같은 생활 습관으로 살아왔음에도 불구하고, 엄마와 함께한 70여 년이란 세월을 더듬어보면 엄마는 늘 불쌍한 존재였다. 우선 자그마한 체구가 연민을 일으켰다. 거기에 항상 겸손하게 웃는 표정이 나를 슬프게 했다. 큰소리로 야단을 맞거나 등짝이라도 한 번 아프게 맞았다면 아마 그런 그리움을 느끼지 못했을 텐데.

그런 엄마이기에 지금도 하늘에서 시간을 헛되게 보내지 말라고 말할 것이다. 엄마도 살았을 때 시간을 아끼며 살았기 때문이다. 기상을 기록한 역사 이래로 제일 덥다는 여름에 나를 도서관으로 인도한 것도 엄마다. 엄마를 잃은 고통을 삭이려고 도서관으로 갔다. 엄마는 '괜찮다'며 책을 보는 나를 응원했을 것이다. 엄마 덕분에 나는 더위를 어렵지 않게 보냈다.

# 길에서 넘어지다

모처럼 문우들과 즐겁게 점심식사를 하는 중이었다. 그때 뜻밖에 울리는 전화에 귀를 기울이니, 생소한 목소리에 의아했다. 우리 엄마가 길에서 넘어졌다는 황당한 내용이었다. 엄마에 대해 지금까지 그런 소식을 받은 적이 없어서 믿기지 않았다. 119차를 불러 병원으로 가는데, 병원으로 가지 말고 집 근방의 노인정으로 데려다 달라고 해서 그곳에 모셔다드리고 연락할 자녀를 물었더니 맏딸인 내 전화번호를 알려주었다고 한다.

엄마가 계신 곳이 멀어서 우선 가까운 남동생에게 연락하고, 바로 택시를 잡아탔다. 차 안에서 '길에서 넘어졌다' 말을 되새기면서 지금의 상태는 어떠한지? 넘어진 분이 당연히

119차가 안내하는 병원에 계셔야 하는데, 평상시에도 가지 않던 노인정이라니…. 주위에서 흔히 듣던 '쓰러지다', '정신을 잃다'로 직결되면서 점점 불안해졌다.

평생 엄마의 건강 때문에 근심했던 기억이 나지 않았다. 타고난 엄마의 건강을 부러워하였고, 오히려 내가 고등학교 때부터 아파서 걱정을 많이 끼쳐드렸다. 무슨 병인지 밝혀지지 않은 가운데 나는 늘 기운이 없고 감기가 떠나지 않으며 잠을 잘 이루지 못했다. 특히 시험기간이면 두통이 심해서 주사를 맞으면서 시험을 치렀다. 그 때문에 동네 의사는 그 몸으로는 대학에 진학할 수 없다고 단정했다. 그럴수록 대학에 꼭 가야한다는 신념을 포기하지 않았고, 몸은 점점 나락의 길로 들어갔다.

대학을 진학했지만 경제적인 어려움 때문에 대학생활 사년을 하루도 빠짐없이 과외로 아르바이트를 병행하는 바람에 건강은 회복되지 않았다. 하지만, 육체적인 고통 속에서도 배움을 향한 갈망을 포기하지 못한 채, 항상 아등바등 쫓기며 살아야 했다. 그런 이유로 엄마의 삶은 내게 보이지 않았다. 오로지 엄마에게로부터 경제적인 독립을 하는 것이 엄마를 돕는 길이라 여기며 열심히 노력해서 고등학교 교사로 취직을 했다. 아마 그것이 엄마에게 드린 기쁨이요 효도가 아니었을까.

야간교사로 근무하면서, 낮에는 석사과정의 공부도 함께 시작했다. 왜 공부의 길에서 벗어나지 못하고 계속 그 길을 따라갔는지. 항상 두 가지 일에 지쳐서 몸은 회복되지 않았고, 아픈 몸을 쉬게 두지 않아 악순환에서 벗어나지 못했다. 말하자면 동화 「토끼와 거북이」에서 나는 늘 거북이로 쉬지 못했다. 쉴 틈을 주지 않으니, 몸은 계속 반란을 일으키는데, 잠시라도 쉴 여유를 스스로 찾지 못할 만큼 소심했다.

평생 내 몸에 시달리며 사느라고 엄마의 건강은 잊고 살았다. 약한 체질로 살려니 미래를 더욱 앞질러 걱정했다. 언제나 체력의 한계를 넘어설 용기를 내지 못하고 조심조심 사는데 그쳤다. 거기에 맏딸이라 엄마와 나이 차이가 적어서 특별히 엄마가 늙었다고 생각하지 못한 채 칠십대로 넘어가고 있었다. 그때부터 내 노년을 염려했다. 정말로 아프지 않고 살다가 죽기를 소망했다.

노인정에 갔더니 계시지 않아 바로 그 앞에 있는 아파트 13층으로 올라갔다. 남동생이 먼저 와서 나를 기다리고 있다가 그동안의 일을 설명해 주었다. 농협에 가서 관리비와 기타 소소한 잡비의 지출내역을 점검하기 위하여 통장정리를 하고 돌아오는 길에서 당신도 모르게 넘어졌단다. 마침 지나가던 여학생이 그런 엄마를 위하여 119를 불러 주었는데, 노인정으로 데려다 달라고 했단다. 병원으로 가면 자식들이 너무 놀라지 않을까하는 걱정과 병원비를 아끼려는 근검절약 정신에서였다.

이토록 끝까지 자식들을 사랑하시는 마음에 아팠다. 지금 돌이켜 생각해보니 평생 무엇이 먹고 싶다거나 어떤 옷을 입고 싶다는 등, 어디에 가고 싶다는 말을 들어본 적이 없었다. 세상에 다시 태어나면 무엇을 하고 싶다 같은 막연한 말조차 아꼈던 엄마였다. 어디까지나 자식들에게 부담을 주지 않으려고 애쓰셨다. 왜 이제야 그 생각이 날까. 그동안 엄마가 불쌍하다는 생각만 뼈에 사무쳐서 '나는 엄마처럼 살지 않을 거야!'만을 다지며, 내 길로만 달렸다. 쉬엄쉬엄 쉬면서 앞길을 살피며 가야하는 길을 그냥 서두르기만 했다. '지식 없는 소원은 선하지 못하고, 발이 급한 사람은 잘못 가느니라.(잠언: 19:2)'는 말씀처럼 내 길만으로 급하게 달린 것이 옳은 길이 아니었음을 이제야 알게 되었다.

이튿날 아침 남편과 함께 자동차로 엄마를 모시고 근방에 있는 정형외과를 찾았다. 종합적으로 검진을 받았으나 어떤 이상도 발견되지 않았다. 뼈에 금이 갔다거나 인대가 늘어났다는 등 어디도 잘못된 곳이 없다는 진단에 기뻤고, 역시 엄마는 건강하시고 하나님이 돌보신다고 믿었다. 아무런 이상 증세가 없다는 진단에, 다시 일상으로 돌아가려니 생각했다.

그런데 엄마의 표정은 이상하게도 밝지 않고 기운이 없어 보였다. 시간이 조금 지나면 다시 정상으로 돌아오리라 기다렸다. 하지만 예상과 반대로 엄마는 아기가 되어 살림에서 손을 완전히 놓아버렸다. 어떤 것에도 관심이 없고, 음식을 드리면 잡수시고 남의 집에 온 것처럼 우두커니 멍하게 계셨다. 옆에 아들들이 있는데도 아무 말도 없이 화장실에 가고 싶으면 가고, 그렇지 않으면 침대에 누웠다. 텔레비전에도 관심이 없고, 말도 전혀 하시지 않았다. 그런 엄마를 혼자 두고 떠날 수 없어 두 남동생이 번갈아 지켰다.

암이나 치매 같으면 자식들이 모여 그 병에 대한 치료 방향을 의논할 터인데, 아무런 병 없이 아기처럼 지내는 엄마가 원래대로 돌아오기만을 마냥 기다렸다. 아기가 된 엄마가 병에 걸린 것이라고 생각하지 못했다. 그 당시 정신과에 가보았어야 할 것을, 병이라고 전혀 짐작하지 못해서 그냥 지나쳤다. 곧 회복되겠지 하는 마음으로 두 남동생이 돌보는 시간을 정하여 옆에서 살피는 동안, 나는 일주일에 한 번 가서 목욕시켜 드리고, 이런 저런 말로 이야기를 풀어내면서 엄마의 마음을 헤아려 그 원인을 찾으려 했다.

10여 년 전부터 매일 저녁 7시쯤이면 엄마에게 전화를 했다. 혼자 사시는 엄마가 편찮으시거나 예기치 않은 사건이 생기지 않는가를 점검하려는 생각에서였다. 혼자 살다가 갑작스럽게 사망하여 며칠 만에 발견되었다는 고독사에 관한 신문기사가 늘 마음에서 떠나지 않는데다가 내가 모시지 못하는 미안함 때문에 매일 저녁 전화로 엄마의 일정과 마음의 상태를 살폈다. 그것으로 나는 엄마에게 잘하고 있다고 생각했다. 그때마다 내 바쁜 생활을 먼저 알아차리고는 "아무 일 없다. 어서 에미도 편히 쉬어라."라고 말씀하셨다. 때로는 기뻤던 일, 무엇보다도 친한 권사를 사당동 하나은행 귀빈실에서 만나 점심도 먹고 커피를 마시고 놀다가 왔다고 자랑도 하셨다. 초등학교만 졸업한 엄마인데도 고학력 출신의 권사들과 친할 뿐 아니라 그분들이 엄마를 믿음으로 좋아하며 만나자고 자주 연락해서 나도 기쁘고 엄마가 자랑스러웠다.

같은 구역 식구들 중에서 가정형편이 어려워 국가에서 제공하는 8평의 임대아파트에서 혼자 사는 권사님을 엄마는 부러워했다. 그 권사님은 국가에서 봄이면 고추장과 된장을, 겨울이면 김장을 가져다주고, 평상시에는 일주일 두 번 반찬을 준다고 하면서…. 무엇보다도 매주 두 번 가져다주는 반찬을 선망했던 것 같았다. 왜 그 말을 그냥 흘리고 말았던가. 다섯 자식들이 서로 번갈아 반찬을 갖다 드렸으면 좋았을 것을.

한 달에 한번은 생활비 일부와 과일과 떡을 가지고 갔다. 그때마다 엄마는 부끄러워하셨다. 평생 당신 스스로 돈을 벌어 다섯 자식을 먹이고 가르쳤는데 이세는 반내로 생활비를 받아야 한다는 사실에 어찌할 바를 몰라 얼굴을 붉히셨다. 만나면 으레 옆에 앉으라며 이야기를 하고 싶어 하셨다. 그때마다 얼룩거리는 창문이라든가 싱크대, 닦아야할 냄비 등이 먼저 눈에 들어왔다.

이야기 들어주기를 원하는 진심을 알아차리지 못하고, 직장에 다니며 공부하는 나를 쉬게 하려는 의도로만 생각했다. 시간이 있는 한, 눈에 쉽게 띄지 않는 곳을 열심히 찾아서 깨끗이 해드리고 싶었다. 엄마의 진심을 알려고 애쓰지 않고, 힘든 일을 찾아 해드리는 것이 엄마를 돕는 길이라고 일방적으로 믿어 버렸다.

언젠가, 많은 교회 성도들과 가까이 지내면서도 '마음을 줄 수 있는 진정한 친구가 없다'는 아쉬움을 말한 적이 있다. 가까운 사람은 많지만, 황해도에서 자라 서울로 시집을 와서 어렸을 때 친구가 없는 쓸쓸함을 알아차리지 못했다. 또한 같은 동네에서 오래 함께 살면서 아는 친구처럼, 혹은 학교에 함께 다닌 친구처럼 정이 들지 않은 것 같았다.

돌이켜 생각하니, 무슨 이야기를 하고 싶었을까. 그 이야기에 조금이라도 관심을 기울여 듣는 시늉이라도 할 걸. 주어진 시간에 되도록 많은 일을 하는 데만 온통 정신을 쏟았다. 일을 조금 덜 하더라도 이야기를 들으며, 머리를 끄덕이면서 '맞아요, 엄마! 그래요'라는 말로 맞장구를 쳤다면 기뻐했을 것을…. 그런 내 방향이 잘못이었음을, 돌아가시고 난 후 어느 일요일 교회에서 설교 말씀으로 깨달았다. '아들들아 아비의 훈계를 들으며 명철을 얻기에 주의하라.(잠언 4:1)'를 비롯해서 '내 말을 네 마음에 두라.(잠언 4:4)'에 역점을 둔 설교로 효도는 '말씀을 잘 듣는 것'이 효도라고 했다. '말씀하세요. 내가 듣겠나이다.' 듣는 것이 지혜요, 존경하는 마음이라고 목사님은 설교하셨다. 더러운 곳을 닦기보다는 옆에 앉아 엄마가 말하고 싶었던 것을 들었어야 했다. 이제 생각하니 엄마가 원하는 바가 무엇인지 헤아리려고 애쓰지 않고 내 마음대로 판단하고 움직였음이 큰 잘못이었구나! 그러고 보니, 엄마의 꿈은 무엇이었는지 묻지도 않았고, 소망은 무엇이었을까 궁금하게 생각해 본 적도 없었다. 때로는 손을 잡고 "손시리지 않아요? 혹은 발 시리지 않아요?" 하는 따뜻한 말 한 마디도 해드리지 못했다. 오히려 엄마가 구역식구들에게 받은 선물 가운데 양말이나 장갑을 내게 주면서 "따뜻하게 지내라."고 하셨다. 이처럼 가장 가까운 맏딸인데도 속마음을 알지 못하고 건성건성 살았다.

## 함께 살아온 세월

엄마와 함께 살아온 세월을 헤아리니 얼추 칠십년이다. 그동안 엄마가 아파서 걱정하거나 병원에 간 기억이 나지 않는다. 그만큼 엄마는 건강하시기도 했지만, 항상 자식들을 기르며 교육시키기 위하여 한 순간도 긴장에서 벗어나지 않았고, 장사를 소홀할 수가 없었다. 그로인해 그 밖의 일은 무슨 일이 있었던지 전혀 기억나지 않는다.

뜻밖에 엄마가 누워 계신 시간이 길어지면서, 왜 엄마가 떠나시지 않는가. 평생을 어렵게 살면서도 하나님의 말씀에 순종하며 살아온 엄마를 왜 고통에서 빨리 벗어나게 해주시지 않는가! 하나님을 원망하기도 했다. 육체적인 아픔이 없는 것에는 감사하면서도 똑같은 자세로 누워 지내는 시간이

3년을 넘어가자, 언젠가는 떠나실 날을 예고하리라는 믿음으로 기다렸지만 어떤 조짐도 보이지 않아 안달이 나기도 했다. 그렇게 내 마음이 천국과 지옥을 오가던 날, 엄마가 홀로 떠나셨다는 통보를 받았다. 뜻밖의 소식에 슬퍼지기보다는 멍했을 뿐 우선 병원으로 달려갔다.

입관을 비롯한 장례절차에 따라 엄마를 순복음 교회묘지에 묻던 날, 날씨가 너무 화창했다. 장지까지 따라온 일가친척들은 푸른 하늘을 보면서, 그만하면 장수하셨고 마지막 삶을 잘 사셨다고 말했다. 작은남동생이 3년 반 동안 매일 엄마를 찾아뵈었기에 나도 '괜찮은 죽음'이라고 생각했다.

그동안 나도 나름대로 보살폈다고 자신했는데, 마지막 순간을 지키지 못했다는 자괴감으로 혼란스러웠다. 집에 돌아오는 순간부터 통곡의 눈물이 쏟아졌다. 나도 그토록 눈물이 나오리라고는 예상하지 못했다. 엄마가 떠나시고야 지난 세월 동안의 엄마의 고생이 떠오르기 시작했다. 계속 나오는 눈물을 훔치며 무엇인가를 기록해야겠다는 마음이 일어났다.

엄마와 함께 살았던 칠십년 동안의 일들이 영화 장면처럼 스치며 하나씩 떠올랐다. 한평생을 불쌍하게 살았던 엄마의 과거와 내가 어렸을 때 살았던 외할머니의 집이 나타났다가 사라지기를 반복하면서 내 과실이 점점 선명하게 드러났다.

황해도 농촌대가족에서 육남매 가운데 막내딸로 태어난 엄마가 19살 때 14년이나 연상인 서울의 아버지와 결혼했다는 이야기를 중학교 때 들었던 기억이 희미하게 살아난다. 외할머니의 말씀을 좇아서 결혼했지만, 친정어머니를 원망하지 않는다는 말을 들었던 것으로 미루어, 아버지와 함께 경제적 문제를 담당하는 어려움만이 아닌 정신적인 고통도 있었다는 것을 어렴풋이 짐작했었다. 그뿐만 아니라 평생에 걸쳐 엄마의 고생하는 모습만 보았고, 편하게 쉬거나 동네 아주머니들과 이야기를 나누는 편한 모습을 본 적이 거의 없었다. 그로 인해 나도 멀리서 엄마를 그리워할 뿐 다정하게 손을 잡아보지도 못하고, 엄마와 나는 서로 바라보기만 하면서 살았다.

과일은 익으면 저절로 나무에서 떨어지는데, 나는 엄마 품에서 충분히 익지 못한 채 떨어진 설익은 과일 같았다. 어려서 엄마와 가까운데 있지 않고 멀리 떨어져 있었던 것 같다. 엄마에 대한 최초의 기억을 더듬었지만, 인자한 외할머니의 품이었다.

심리학자들이 인간의 심성은 만 3살까지 받은 부모의 사랑에 의하여 결정된다고 한다. 나는 사랑보다는 엄마와 함께 있는 시간에 비례하여 자녀의 성품과 건강이 이루어진다고 믿었다. 그 학설을 자신도 모르게 믿고 받아들인 것은 내가 엄마와 떨어져 살았던 어린 시절이 기억에서 떠나지 않기 때문이다.

엄마 곁에 있었다 하더라도 만 3살 이전은 모르는 시기라 그렇다 치더라도 엄마가 없는 외할머니 집에서 겪은 무서움이 나를 평생 소심한 성격과 허약한 체질로 이끈 것 같다. 조금만 어려운 일이 생겨도 담대하게 처리하지 못한 채, 번민하느라 많은 시간을 소비했다.

엄마는 늘 내게서 떨어진 곳에 있었다. 어렸을 때부터 늘 바쁘게 일하시는 엄마를 멀리서 보아왔다. 내게 사랑을 표현할 틈이 없었고, 그 때문에 엄마에게 살가운 사랑을 받았다는 기억이 없다. 오히려 어린 내가 엄마를 불쌍하다고 생각했을 뿐, 응석을 부리거나 원하는 것을 말할 용기도 가지지 못했다. 그냥 먹으라고 하면 먹었고 잠자라고 하면 누웠다. 먹고 싶은 것과 가지고 싶은 물건 등은 내 마음 안에서 일어났다가 사라지곤 했다.

나를 보듬을 시간이 없을 만큼 바쁜 탓에 첫딸인 나를 황해도 봉산군에 있는 외할머니 집에 맡긴 것 같다. 농사를 짓는 대가족인 외할머니 집에 막내딸로 태어난 엄마는 윗사람들의 눈치를 살피며 잘 지냈다고 한다. 막내지만 스스로 자신의 일을 감당하면서 초등학교를 다녔고, 틈틈이 올케의 일을 도우며 살았던 엄마가 맏딸인 나를 친정어머니에게 맡겼을 때는 그럴 수밖에 없는 형편이 아니었을까. 그렇게 많은 식구들 속에서 나는 오로지 외할머니의 치마끈에만 의지했다.

어느 가을날 외사촌 오빠를 따라 논에 갔다. 메뚜기를 잡아주며 벼 줄기에 꿰라고 했다. 손이 우둔하여 나는 그 메뚜기를 놓쳤다. 네 살 때였다. 외사촌 오빠는 "바보!"라며 나를 논두렁으로 떠밀어버렸다. 나는 외롭고 슬퍼서 논바닥에 주저앉아 울었다. 날은 어두워지는데 나를 찾는 사람이 나타나지 않아 무서워서 더 크게 울었다. 이것이 내 생애 최초의 기억이다.

그 이듬해 8·15해방으로 38선이 생기면서 작은외삼촌이 나를 삼팔선을 몰래 넘어서 엄마에게 데려다 주었다. 낮이면 숲이나 남의 집에 숨었고, 밤이면 외삼촌이 나를 업고 가다가 힘이 들면 내려서 걷게 하였다. 많이 걷는데 신발이 잘 맞지 않아 발뒤꿈치가 헐어서 많이 아팠던 기억과 캄캄한 밤이 무서웠지만 울 수도 없고 말하면 안 된다고 외삼촌이 손으로 내 입을 막았다. 외삼촌 등에 업혀왔던 컴컴한 밤의 공포가 머리에 박혀서 지금까지 저장되어 있다. 만약 그때 외삼촌이 서둘러 무서운 38선을 넘어 엄마에게 데려다 주지 않았다면, 나는 이산가족으로 지금도 북한에 남아 있을 것이다. 그런 작은외삼촌은 내가 대학교 2학년 때 세상을 떠나셨다.

엄마에게 돌아와서 기뻐해야 했는데, 낯설고 마주할 시간이 적었다. 아버지와 같이 조그만 공장을 운영하느라고 엄마는 내게 눈길을 주지 않았다. 기억에 양초공장인 것 같았다. 양초를 만드는 일은 자잘한 일이 많았다. 긴 쇠구멍에 뜨거운 촛물을 붓기 전, 심지를 곧게 세우려고 머리에 꽂는 핀을 심지 끝에 꽂았다가 다 굳어지면 빼어서 버린다. 그 핀을 나중에 친구들에게 나누어 주었던 생각이 난다.

기술자만 두고, 두 분이 일을 함께하면서 엄마는 세끼의 식사와 빨래, 청소 등의 일로 어린 나를 세세히 보살피지 못했다. 공장을 겸한 우리 집은 시장으로 가는 길가에 있었다. 집에는 책도 없었고 양초를 만드는 기구들만 어수선하게 있어서, 바쁘게 일하는 엄마를 멀리서 바라보는 것이 고작이었다. 밥만 먹으면 나는 밖으로 나와서 길가에 앉아 지나가는 사람들을 우두커니 바라보곤 했다. 밖에서 놀던 친구들이 집으로 돌아가고 해가 기울어 어두워진 골목에서 오도카니 혼자 있었다. 특히 겨울이면 햇볕을 쬐면서 오가는 사람들을 보았던 양지바른 담벼락이 내게는 시간을 제일 많이 보낸 곳이었다.

6·25전쟁이 일어났던, 초등학교 3학년 석 달 동안 인민군 치하에서 지내는데도 제일 행복했었다. 학교에 가지도 않고 엄마가 집에 있어서 무척 좋았다. 길에 나와서 동네 친구들과 고무줄넘기, 공기놀이, 소꿉놀이로 하루 종일 신나게 놀았다. 깨진 사기그릇 조각인 사금파리를 다듬어 만든 밥그릇과 반찬그릇으로 소꿉장난을 하며, 풀잎을 따다가 밥을 짓고 반찬을 만들어 서로 먹으라는 놀이가 즐거웠다.

밖에서 놀다가 집으로 들어오면 동생을 안고 있는 엄마가 있어서 행복했다. 먹을 양식이 부족했던지 점심에는 아침에 남은 밥 한 그릇에 열무김치를 많이 넣고 비벼서 큰남동생과 셋이 먹었다. 그때도 젖먹이 동생 때문에 엄마가 배고플 것 같아서 나는 조금 먹고는 '배불러!' 하고는 젖먹이 동생을 업고 밖으로 나갔다. 쨍쨍 내리쬐는 햇볕을 피하기 위하여 추녀 밑 그늘에 들어가 업은 동생을 달래며 점심식사가 끝나기를 기다렸다. 한참 만에 들어갔더니 엄마는 점심상을 치우고는 마루에 누워 잠이 들어 있었다. 동생을 마루에 내려놓지 못하고, 잠든 엄마의 얼굴에 앉은 파리를 부채로 쫓으며 시원하게 해드렸다. 엄마에 대한 나의 마음은 이렇듯 애틋했는데도 표현을 못한 채 무덤덤하게 지냈다.

전쟁 중 행복도 잠시뿐, 날씨가 쌀쌀해진 어느 날, 갑자기

중공군 100만 명이 압록강을 건너 벌떼처럼 몰려온다는 불길한 소식이 들렸다. 우리는 6·25때 미처 피난가지 못해서 어려운 일을 겪었기 때문에 빨리 서울을 떠나기로 했지만 막상 갈 곳이 없었다. 마침 우리 집 문간방에 신혼부부가 살았는데, 그 새댁이 자기 언니가 대전에서 유리공장을 하니 그리로 같이 가자고 해서 무조건 따라갔다.

피난시 대전에 아는 사람이 없는데다가 전쟁으로 일할 곳을 찾기가 어려웠다. 설상가상으로 아버지가 미군 트럭에 치어 교통사고를 당했다. 이때 엄마는 동생을 업고 아버지를 돌보며, 시루에 떡을 쪄서 길가에 놓고는 내게 팔라고 했다. 대전에서 엄마와 함께 장사를 하는데, 서울에서 공부하던 친구가 학교에 가는 모습에 나는 부끄러워 숨었다. 다른 친구들은 학교에 다닌다고 엄마에게 말했더니, 안집 주인에게 물어 곧바로 나를 근방의 초등학교에 다니게 해주었다.

1년 이상 엄마와 장사를 하다가 학교에 들어갔지만, 집에 오면 저녁밥도 짓고 동생의 기저귀도 빨면서 공부를 했다. 아버지는 두 남동생을 가르치기 위하여 중학교에 진학하지 말고, 집안 살림을 맡으라고 했다. 나는 그 말에 순응할 수가 없었다. 엄마가 배우지 못해서 고생한다고 여겼기 때문에, 나는 엄마처럼 살지 않기 위하여 꼭 대학까지 가서 공부하기로 결심했다.

이미 대학이라는 목표가 있었기에 중·고등학교만 보내주면 대학은 내 힘으로 가겠다고 간곡하게 말씀을 드렸다. 그때도 엄마가 응원해 주었다. 단칸방에서 식구들이 모두 잠들어도 나는 중학교 입학시험을 위해 열심히 공부했다.

내가 서울에 있는 중학교에 입학하자, 우리 가족은 서울로 올라왔다. 아버지는 대전에서 모은 돈으로 청량리에 공장을 마련했지만, 동업자에 속아서 빈털터리가 되었다. 엄마는 그때 아현동 시장 거리에 나가 내복장사를 시작했다. 가게를 마련할 돈이 없어 아현동 시장길 가운데 좌판에 내복을 나이별로 배열해놓고 팔았다.

아침에 물건을 진열하는 것은 아버지가 하고 엄마는 아침 식사를 준비했다. 설거지까지 마치신 후, 11시경에 나가셔서 저녁 늦게까지 물건을 파셨다. 저녁 7시쯤 되면 아버지는 엄마에게 가서 좌판에 있는 내복을 거두고, 물건을 함께 정리하여 이웃집 창고에 넣는 일을 하셨다. 혹 아버지가 술에 취하셔서 나가시지 못하면 내가 나갔다.

추운 겨울이 문제였다. 지금도 마찬가지로 영하 10도가 넘는 추운 날, 하루 온종일 밖에서 보내기란 얼마나 어려운가. 나는 그때 엄마가 가장 고생했던 시기라고 생각했다. 그 당시 옷은 추위를 막을 만큼 좋지 않았다. 기껏해야 면으로 만든 옷은 여러 겹 입어도 추웠다. 지금도 야구루트를 파는 아주머니들은 밖에서 지낸다. 이들이 입은 오리털 파카로 된 잠바는 그때보다 훨씬 낫지 않을까. 그래도 그들을 볼 때마다 지난날의 엄마가 떠오른다.

내가 고등학교에 진학할 때, 엄마는 가게를 구했고 한복장사로 바꾸었다. 비바람을 막을 수 있는 가게에서 장사하기 때문에 엄마에 대한 걱정이 줄고 마음은 평안했다. 그런데 뜻밖에 내가 뚜렷한 이유도 없이 아프기 시작했다.

아침에 일어나면 얼굴이 붓고, 학교에 가서 한 시간만 수업을 들으면 피가 아래로 몰리는지 다리가 퉁퉁 부으며 종아리가 터질 듯 아팠다. 아침 조회시간에 햇볕을 쪼이면 쓰러졌다. 특히 시험 때면 증상이 더 심해져서 주사를 맞아야 했다. 동네 의사는 대학에 갈 수 없다며 학교를 그만두라고 했다. 어려운 형편에서도 엄마는 병원비를 아끼지 않고 주셨다. 그뿐만 아니라 굿까지 했다. 내 병이 완쾌의 기미를 보이지 않자, 단골손님들이 굿을 하라고 했기 때문에. 어려서부터 외할머니를 따라 기독교에 몰두했던 엄마가 모태신앙조차 버린 것이다. 무당은 삼대독자인 아버지의 여동생이 16살에 죽어서 나를 괴롭히고 있다면서 그 원한을 풀려면 굿을 해야 한다고 했다. 다 잊었던 일들이 이제야 떠오르다니.

아침 일찍 일어나 밥을 지어 가족들에게 식사와 도시락까지 마련해주고, 엄마는 맞춤복 한복재료를 구하러 바로 동대문 포목시장으로 갔다. 대신 아버지가 가게 문을 열고, 옷감을 진열하고 기다리다가, 구해온 옷감을 재단하면 그것을 바느질집에 맡기고, 또한 맡긴 옷을 찾아오는 일을 하셨다. 이렇게 두 분이 함께 장사를 하지만 언제나 엄마는 항상 더 바빴다. 집안 살림도 엄마 몫이었기 때문에.

나는 엄마를 바라볼 뿐, 소소한 이야기를 나누지 못하고 사느라고 외로웠다. 결혼하고 신혼여행에서 돌아오는 날도 저녁밥상을 얻어먹지 못했다. 남편에게 미안했다. 큰남동생이 월남의 백마부대로 차출되었다는 소식에 엄마는 아들을 월남전쟁에 보내지 않기 위한 방법을 찾는데 정신을 쏟느라고 우리가 돌아오는 날도 잊었다. 나중에야 사위에게 미안함을 깨닫고, 그때의 미안한 마음을 평생을 가슴에 담고 사셨다.

나도 직장과 가정생활로 바빠서 엄마를 그리워할 틈이 없었다. 하지만 직장 동료들이 친정엄마가 밑반찬을 보내주었다든가 혹은 시골에서 나오는 곡식이나 마른 나물을 받았다는 이야기를 할 때면 부러웠다. 그 이후에도 엄마와 나는 각자 바쁜 생활에 얽매여 열심히 살았다. 엄마와 함께 목욕을 한다든가, 쇼핑을 하거나 영화를 본 적이 없다. 이렇게 메마르고 팍팍한 생활로 말미암아, 늘 엄마에게 받은 것이 없다는 인식이 머리에 박힌 것 같다. 잘 아는 수필가이며 수필평론가인 L선생은 돌아가신 어머니를 지금까지 잘 모신다. 혼자 살기도 하지만 효성이 지극하다. 어머니의 방에 영정을 모시고, 언제나 외출할 때면 어머니 방에 들어가서 외출 사유를 말하고, 돌아와서는 돌아왔다는 인사를 한다고 한다. 그때 나는 그 수필가는 자라면서 어머니에게 사랑을 무척 많이 받은 것으로 미루어 짐작해 버렸다.

항상 건강하다고 믿었던 엄마의 과거를 돌이켜서 아프셨던 때를 더듬어 본다. 2010년 10월 3일 무릎이 아파서 교회에 가지 못하셨다는 연락을 받았던 적이 있다. 가까이 사는 큰 동생이 정형외과에서 검사를 했더니 무릎 연골이 모두 닳아서 인공관절 수술 이외는 치료방법이 없다는 진단이었다. 90세에 수술이 어려운 같아 그냥 집에서 쉬며 물리치료로 달랬던 것 같다.

유달리 바빴던 일정 때문에 28일에 가서 목욕을 시켜드리고, 여름이불도 빨고 커튼도 빨았다. 따뜻한 물에 오래 담근 탓인지 훨씬 좋다고 하셨다. 그 말만을 믿고 큰 병이 아니라 무릎이 아픈 것은 노년의 누구에게나 있는 것으로 무심히 넘겼다. 그때도 늙음에서 오는 불안과 외로움은 전혀 생각하지 못했다. 오로지 눈에 띄는 일을 기계적으로 처리할 뿐, 엄마의 마음을 읽는데 무심했다.

육체적으로 아파도 혼자 참고, 누구에게나 아프다는 말을 하지 않아서 엄마는 항상 건강하다는 생각으로 굳어져 있었다.

직장을 그만두고 엄마와 미국과 일본을 여행하면서 그동안 살아온 이야기를 오순도순 나누며 엄마에게 궁금했던 것들을 묻고 싶었다. 말하자면 엄마가 어떤 인연으로, 14살이나 많고 지식도, 기술도 없는 아버지와 결혼을 했는지 듣고 싶었다. 그런데 내가 아파서 하고 싶었던 말도 하지 못했고, 정말로 엄마에게 가장 필요한 것이 무엇인지 알려고 애쓰지도 못했다.

일주일에 한 번 점심식사를 해드리고 목욕을 시켜드리고, 청소와 빨래를 했다. 아파트 단지에 알뜰시장이 열리는 날이면, 엄마에게 필요한 것이 무엇이냐고 여쭈었지만 "괜찮다. 먹을 것은 풍부하다." 하시며 조기만을 사달라고 하셨다. 하지만 조기조차도 엄마가 드시려던 게 아니었다. 가까운 곳에 사는 큰아들이 입맛이 까다로운데 굴비는 좋아한다면서 사라고 하셨다. 조기를 사서 편하게 구워 먹을 수 있도록 잘 다듬어서 두 마리씩 냉동고에 넣어 드렸다.

목요일이면 엄마에게 가서 몸을 씻겨드리고, 찌든 냄비를 닦고 청소를 했다. 작은 평수의 아파트는 욕실이 좁았다. 여름은 그런대로 괜찮은데 겨울에 문을 닫고 목욕을 하면 수증기가 꽉 차서 힘들었다. 의자에 앉히고 이리저리 돌리며 때를 밀어드리고 밖으로 나와 추울까 봐 우선 큰 수건으로 몸을 감싸서 침대에 눕힌 다음, 바디로션을 바르고 분을 발라드렸다. 그러면 엄마는 정말로 좋아하셨다. 하지만 좁은 데서 몸을 닦는 일은 힘들었다. 한 번은 노인 목욕을 해주는 복지사를 부른 적도 있다. 두 번 오고는 욕실이 너무 좁아서 힘이 드는지 오지 않았다. 그 후로 내가 대충 씻겨드렸다. 그 일도 내 나이치고는 스스로 잘한다고 생각했었다.

얼마 전 운동을 마치고 샤워를 하는데 옆에서 엄마의 몸을 조심스럽게 닦아주는 딸이 눈에 들어왔다. 발가락 하나하나를 정성껏 닦는 모습에 나도 모르게 정신이 팔렸다. 나는 급한 성격이라 내 몸도 항상 대강 닦는 편이었다. 그러고 보니 내 자신이 문제구나. 무슨 일이든지 대충 대충하는 습관에 젖어 있었기에 옆에서 찬찬히 그리고 섬세하게 닦는 모습이 새롭게 보였다. 나는 어쩔 수 없지만, 지난날 엄마를 목욕시킬 때 웃음으로 눈을 맞추며, 등과 팔다리는 나긋나긋한 손놀림으로 정성껏 닦아드릴 것을 좁은 공간을 핑계로 건성건성 처리했다는 후회가 치밀었다. 발가락 하나하나를 곱게 닦으며 온 정신을 쏟는 딸에 그 엄마는 얼마나 행복할까. 우리 엄마에게 나는 그런 행복감을 드리지 못해서 가슴이 아리다.

엄마에게 가서 점심을 같이 먹고 몸을 씻겨드리고 집으로 돌아오는 길은 언제나 우울했다. 엄마가 짐이 되고 있었기 때문이다. 오래 산다는 것이 큰 문제로 다가오면서, 나는 어떻게 살다가 죽어야 하는가에 골몰했다.

인간 수명의 70%는 개인의 행동이나 습관, 환경요인에 의해 결정되며, 행복한 노년으로 살기 위해서는 경제적으로 자립해서 건강한 몸으로 하고 싶은 일을 하는 것이라고 한다. 하지만 뜻하지 않게 생명이 길어지면서 마지막에 도움을 받아야 하는 처지에 놓이게 되는 경우도 있다.

얼마 전 동아일보에서 '노년에 행복하려면 요양원보다 감옥이 낫겠더라(2018년 10월 6일자)'라는 표제로 『메르타 할머니의 우아한 강도인생』이라는 책을 소개했다. 그 책의 저자 '카타리나 잉엘민순드베리'의 내한을 기점으로, 조윤경 기자가 요점을 밝혔는데, 내용은 상상력을 기반으로 한 소설이었다. 누구나 요양원보다 자기 집에서 노년을 보내는 것이 행복인 줄 안다. 하지만 제 몸을 마음대로 움직이지 못해서 식사와 배변을 스스로 해결할 수 없는 경우에는 어쩔 수 없이 요양원을 택하게 된다. 미쓰우라 신야도 그의 저서 『엄마, 미안해』 64쪽에서 '노인의 간병은 본질적으로 가정에서 해결할 수 없다. 간병보험을 이용하는 것은 권리다.'라며 고민하지 말고 간병지원제도를 활용하라고 했다.

엄마를 언제까지나 혼자 담당할 수 없었다. 길에서 넘어져 정형외과에서 퇴원한 이후로 엄마는 옷을 혼자서 갈아입지도 못했다. 혼자서 옷을 입히기가 어려웠다. 한 사람이 몸 한쪽을 잡아주어야 옷을 한쪽 팔에 끼거나, 바지에 다리를 넣을 수 있어서 홀로는 어려웠다. 요양원이 좋은 점도 있다. 여러 사람이 잘 어울리면 외롭지 않게 지낼 수 있기 때문에.

잘 늙어서 귀감이 된 노년에 관심을 두게 되어 예전에 스크랩해 두었던 기사를 들추었다. 조선일보 「만물상(2009년 10월 20일자)」에 첫 한・루마니아 사전이 나왔다는 사연에 크게 감동했던 기억이 있다. 사전을 만든 사람은 74세의 조르제타 미르초유로 그는 2004년 7월 17일 KBS 프로그램에서 '나의 남편은 조정호입니다'라는 사연이 밝혀진 루마니아인 할머니였다.

6・25전쟁 때 북한의 조정호는 고아 500명을 데리고 루마니아에 갔다. 그곳에서 만난 루마니아 교사 미르초유를 사랑하고 양국의 허락을 받아 결혼했다. 북한에 가서 딸을 낳고,

가족사진도 찍었다. 그 후 루마니아로 잠시 다니러 왔는데 북한으로 돌아갈 수도 없고, 남편도 다시 볼 수가 없었다. '너를 사랑한다. 잊지마. 미르초유' 편지를 믿고 42년간을 기다렸다. 미르초유 나이 70세로 14년 동안 골방에서 루마니어를 한국어로 쓰면서 남편에 대한 그리움을 달래고 있다는 보도였다.

미르초유는 남편을 막연히 그리워하지만은 않았다. 늙음을 걱정하지 않고 미르초유는 사전을 만드는 데에 몰두함으로써, 육체는 약해지지만, 정신은 오히려 단순하고 맑아지며, 점점 지혜로워졌을 것이다. 그 결과 한국과 루마니아 사람들의 의사소통에 다리를 놓아준, 역사적인 사전을 편찬한 미르초유에게 노년은 없었다. 그 기사를 읽으며 나이를 잊고, 목표를 향하여 달려야겠다고 생각했다. 미르초유 노년의 삶을 보면서 생명이 있는 한, 끝까지 자신의 목표를 향하여 사는 것이 건강하고 복 있는 삶이라고 마음에 담아 두었다.

나도 죽을 때까지 할 일을 정하고, 그 일을 하는 것이 늙음을 지혜롭게 보내며 주위 사람에게 피해를 주지 않고 스스로에게도 보람이 있는 길이라 믿었다. 그렇게 살기 위해서 언젠가 나도 글을 쓰고 싶다는 충동을 실현해야겠다고 생각하며 여기저기 나갔던 대학의 강의를 전부 내놓았다.

글쓰기는 실제로 실현해 보니 참으로 어려웠다. 좋은 글을 읽고 써보아도 한 편의 글은 내 마음조차 울림을 주지 않았다. 오래도록 기자생활을 하면서 소설을 쓰며 미수(米壽)에 이른 작가 '김욱'은 최근에 발표한 책 『삶의 끝에 오니 보이는 것들』에서 '오로지 글이라는 무대에 발을 들여놓는 데에만 오십년이 걸렸다(111쪽)'고 고백하면서, '나는 문학에 중독되어 목숨을 걸고 일했다(114쪽)'는 내용에 글쓰기가 어렵다는 내 생각에 타당성을 얻었다. 다만 죽는 날까지 어떤 성과를 바라지 않고 쓸 수 있는 즐거움을 누리기만 바라면서 내 노후를 준비하는데 애썼다.

70년을 함께 살아온 엄마는 늘 고생하면서도 병에서 나를 구해주었고, 대학까지 보내고, 결혼으로 독립하기까지 보살펴 주었다는 생각을 요양원에 계실 때는 왜 잊었던지. 어려움 속에서도 얼굴에는 늘 웃음이 떠나지 않았던 엄마. 공장에서 일이 잘못되는 날이면 아버지가 엄마에게 짜증내고 화풀이를 해도 엄마는 묵묵히 참으셨다. 자식들이나 이웃들에게 고통스러운 표정을 조금도 보이지 않고 혼자 삭이셨다. 다른 집에서도 엄마들이 참는 줄 알았다. 그러면서도 한편으로는 다른 집처럼 가정경제를 혼자 책임지지 못하면서도 엄마에게

화를 내는 아버지가 미웠다. 그때마다 나는 엄마처럼 살지 않기 위하여 꼭 대학에 가야 한다고, 결심을 거듭 다졌다. 그러고 보니 내 삶의 길을 인도해 준 것도 결과적으로 엄마였다.

세월은 그렇게 흘렀고, 모처럼 친구의 그림전시회에 가느라고 호박목걸이를 찾았다. 뜻밖에 십자가 금목걸이가 먼저 나왔다. 구입한 기억이 없다. 분명히 엄마가 하나님을 믿으라는 뜻으로 내게 주신 목걸이인데, 받은 것이 없다는 생각에만 사로잡혔던 자신에 눈물이 왈칵 나왔다. 그뿐만 아니다. 서랍에 있는 옷을 덮는 조각보가 떠올랐다. 엄마는 장사하면서 시집갈 딸에게 주려고 틈틈이 비취색 실크와 베이지색 실크로 사방 10㎝정도의 크기로 조각보를 만들었다. 색깔의 조화가 세련되고 아름다웠다. 언제나 서랍장에서 옷을 덮어주는 조각보를 매일 보는데도 엄마의 솜씨를 잊고 살았다니.

어찌 이것뿐이겠는가. 더듬으면 한없이 많을 터인데 항상 받지 못했다는 부정적인 생각만 했다. 문득 돌아다보니, 노년에 이르러 이만큼 잘 살 수 있는 것은 물질보다 정신적인 유산의 영향이 컸음을 깨달았다. 무엇보다도 엄마는 언제나 웃었다. 누구를 보건 웃음이 먼저 얼굴을 환하게 폈다. 나도 그런 것 같다. 친구들로부터 웃는 인상이 좋다는 말을 많이 듣는다. 전철에서 낯모르는 사람들에게도 인상이 좋다는 말을 종종 듣는다. 이것은 살아가는데 큰 축복이다. 별다른 노력 없이 엄마에게 물려받은 행운이다.

또한 엄마는 정직하고 늘 부지런하셨다. 엄마가 장사를 하면서도 거짓말을 하지 못하는 것을 알았다. 구입하는 사람들이 물건 값을 확 낮추려고 하면 "이것 조금밖에 남지 않아요."라며 가능한 거짓말을 하지 않으려고 애쓰셨다. 손님이 잘못해서, 돈을 더 많이 내고 가면 쫓아가서 되돌려 주곤 했다. 조금도 쉬지 않고 일하시는 엄마를 닮아 나도 낮에 누워 있거나, 하늘의 흰 구름을 바라보며 멍하니 앉아 있는 적이 없다. 이런 나를 보며 아들은 "엄마는 경주마처럼 앞만 보며 살았다."면서 융통성 없는 삶을 지적해주었다.

노년에 큰 어려움 없이 편하게 살 수 있음은 지금까지 앞만을 향하여 부지런히 달려왔기 때문이 아닐까. 이것은 엄마에게 물려받은 유산이다. 내가 노력한 것이 아니라 나도 모르게 엄마를 닮아 그렇게 살았고, 그리 살도록 운명이 주어진 것 같다.

비록 이룬 것은 없지만, 정직하고 부지런하게 산 것에 후회는 없다. 더 나아가서 세상에 어떤 변화가 일어나도 마음이 편하다. 바로 그것이 행복이 아닌가. 곰곰이 살피면 많은 유산을 받았는데, 겉으로 드러나는 물질이나 굶주렸던 정에만 치우쳤던가 보다. 참으로 나는 바보처럼 살았다. 왜 진작 엄마의 외로움을 짐작하려고 하지도 않고, 받은 게 없다고만 불만을 품었던가. 엄마가 떠나서야 깨닫는 미련함, 이제는 어찌할 수가 없다. 그것이 슬프다.

아현동 시장에서 오래 장사하시면서, 상인들끼리 월말이면 낙찰계를 하였다. 상인들이 목돈을 마련하기 위한 일종의 계다. 매달 정해진 돈을 내는 것이 아니라 급한 사람이 먼저 비밀리에 얼마큼 돈을 내놓겠다고 써내면, 그 가운데 가장 많은 돈을 기록한 사람이 정해진 돈에서 빼고 가진다. 남은 사람들은 먼저 타는 사람이 내놓은 돈만큼 적게 내는 방식의 계였다. 엄마는 내게 제일 늦게 타도록 유도했다. 그래서 은행 적금보다 훨씬 적은 돈으로 목돈을 마련하도록 이끌어 주셨다.

항상 받은 것이 없다고 생각하며 살아왔는데, 떠나시고 난 이제야 떠오르다니. 낙찰계를 운영하시던 시절은 어쩌면 엄마에게 황금기였는지도 모른다. 언제나 정직하고 정확한 성품으로 엄마는 시장에서 신용을 얻었다. 엄마가 하는 낙찰계라면 시장의 상인들이 저마다 가입했다. 생각해보니 아득한

1970년대 시절이라 까마득히 잊고 있었다. 그때는 직장동료들끼리 계를 해서, 월급날이면 곗돈을 내느라 집으로 가져가는 돈은 적었다. 그래도 저축하는 일이라 즐거웠다. 일정액 저축을 하고 남은 돈으로만 생활을 담당했다. 그렇게 목돈이 쌓이면 집을 마련했고 텔레비전도 구입하고 냉장고도 샀다.

엄마가 49세 때 아버지가 떠나셔서, 혼자 가게를 운영하셨다. 결혼으로 나만 독립했을 뿐, 네 동생들을 돌보며 혼자 장사를 하면서도 힘들다는 표정을 보이지 않고 늘 웃었다. 직장에서 오는 길에 한 달에 한번 곗돈을 내러 월말이면 엄마에게 갔다. 나도 아이들을 기르며 직장생활에 바빠서 엄마에 대해 전혀 생각하지 못했다. 어떤 때는 엄마가 계시지 않아 한참을 가게에서 혼자 기다리노라면 손님이 와서 어떤 것을 가리키며 얼마냐고 물었다. 잘 모른다고 대답하면서 손님을 놓치는 것 같아 안타까웠다.

항상 아낌없이 주시고 싶어 하셨던 엄마, 안으로 들어가서 밥을 지으며, 조금 있다가 밥을 먹고 가라고 하였다. 급히 생선가게에 가서 조그만 갈치를 사다가 만들어주신 갈치조림은 가장 맛있었던 음식으로 기억에 남았다. 지금 생각하면 어떻게 혼자 살림하고 가게를 운영하며 네 동생들을 가르쳤는지….

어디에선가 읽은 '프릴리 그라트' 시의 제목 「오오 사랑할 수 있을 때 사랑하라」, 「누구나 어느 날 묘지 앞에서 후회의 날이 온다」가 떠오른다. 이 시가 내게 해당될 줄은 예상하지 못했다.

한 달에 한 번 곗돈을 내러 가면, 엄마는 이 시장 골목에서 딸을 대학까지 보낸 집은 단지 두 집뿐이라는 것과 교사로 취직한 나를 큰 자랑으로 좋아하셨다. 그때 웃던 환한 모습이 이제야 떠오른다. 짧은 시간의 만남에서 무엇이든지 먹이고 싶어 나를 가게에 두고 과일이나 빵 같은 것을 구하러 뛰어가셨던 엄마가 이제야 생각난다.

처음 집을 마련할 때 모자라는 돈 때문에 현관 옆에 있는 방을 전세로 놓았다. 그 방에서 2년 동안 살다가 이사를 가는 사람이 "아이들에게 큰소리 한 번도 내지 않으니 무슨 비결이라도 있느냐?"고 물었다. 그 말을 듣고 곰곰이 생각해보니, 그것은 친정엄마로부터 물려받은 성품이며, 또한 직장생활로 온종일 아이들과 함께 있지 않기 때문이라고 대답했다. 정말로 그랬다. 나는 엄마로부터 한시도 쉬지 않고 일하는 부지런함과 장사를 하면서도 언제나 웃으시는 성품을 유산으로 받았다.

꼭 집어서 아픈 데가 없는데도 엄마는 어른으로 돌아오지 않고 아기상태 그대로였다. 엄마와 친한 교회 성도들이 한방병원에 가보라고 권했다. 그 말을 듣고 근방에 있는 대학 한방병원에 입원했다. 엄마를 돌보는 동생들에게 쉴 시간을 주기도 하고, 한방치료를 통하여 혹 엄마에게 숨어있는 병을 찾아볼 수 있지 않을까.

한방병원에 한 달 있는 동안, 동생들은 엄마의 식사를 마련하는 부담을 덜 수 있었고, 평소에 엄마에게 있는지 몰랐던 변비도 치료했다. 동시에 다리나 허리에 침을 맞고 물리치료를 받음으로써 굳은 뼈와 근육도 풀 수 있는 기회도 이용했다. 그때도 나는 집과 거리가 멀어서 자주 가뵙지 못하는 미안함에 간병인의 도움을 빌리려고 했지만, 작은남동생이 전적으로 자기가 하겠다며 내 뜻을 막았다. 변비치료로 인한 잦은 설사에 기저귀를 갈아드려야 했는데, 그 일을 주로 작은남동생이 많이 담당하게 되었다. 용변 후에 닦아주는 일은 간병에서 제일 어려웠다. 변 뒤처리와 기저귀를 가는 일은 냄새 때문에 매우 힘들었다. 그래도 내가 하는 일은 비교적 편안하게 여기시는지, 작은아들에게 못 볼 곳을 보였다며 엄마는 내게 하소연했다. 세상에 태어나서 작은아들에게 제일 부끄러운 일을 시켰다고 어쩔 줄 몰라 하셨다.

한 달 만에 퇴원하는 날이 왔다. 다행히 엄마는 기분이 조금 나아지신 것 같았고, 담당의사는 퇴원하면서 보약을 해드리라고 했다. 의사의 처방을 기꺼이 받아들였다. 평생토록 보약을 해드리지 않았으니, 내게 준 좋은 기회로 반가웠다.

병원에 입원해 있는 동안에도 엄마가 없는 집에 가서 틈틈이 침대 시트를 빨아서 끼우고, 커튼도 세탁해서 달았다. 청소도 깨끗이 해서 집으로 돌아오실 때, 엄마의 기분을 상쾌하게 해드리고 싶었다.

저자 '리사 고이치'는 「엄마와 보내는 마지막 시간 14일」에서 신장투석을 끝내고, 인생을 결정짓는 엄마가 집으로 오는 날을 위하여 침대 주변을 온통 백장미 꽃다발로 에워싸고는 '무대는 이제 엄마를 맞이할 준비를 끝냈다.'면서 병원에서 이송하는 구급차에서 엄마가 집에 들어서면서 "아아아, 집에 오니 좋구나!"라는 말을 듣도록 세심하게 꾸민다. 14일 간이라는 정해진 시간이기는 하지만 정성스럽게 간호하는 딸의 정성에 나는 그런 생각을 해보지 못했다.

퇴원수속을 하면서 집에 가면 바로 드실 점심과 짐을 정리하고 당장 내일 아침 식사도 마련하는데 정신을 쏟았다. 작은동생은 자동차를 가지러 가고, 작은올케는 어머니를 붙잡고 자동차를 타러 가는데, 한 달 동안 머물렀던 병원의 짐

보따리는 9개나 되었다. 짐들을 엘리베이터까지 옮기고, 자동차에 싣기까지 너무나 힘들어서 보따리 수를 세어보니 그랬다.

평생 처음으로 아기가 된 엄마를 돌보겠다는 자식이 없었다. 내가 모셔야 하는데, 내 머리 속에 입력된 사고방식은 친정의 일로 생각되었다. 엄마는 둘째 며느리로 시집가는 내게 "결혼해서 아기를 낳으면, 첫째 때만 배가 아프고, 둘째 때는 배 안 아픈 것이 아니니, 둘째라도 첫째 며느리처럼 시어머니를 지성껏 섬기라."라는 엄마의 말씀에 나는 친정일보다 시댁 일에 최선을 다했다.

미혼이었던 시누이를 애써서 시집을 보내고, 시어머니를 평생 모시다가 말년에 이르러 코암에서 폐암으로 돌아가시기까지 5년 동안 혼자 감당했다. 수술과 항암치료로 수없이 병원에 입원하며 모시고 다녔다. 그래서 친정어머니는 당연히 두 아들이 담당할 것으로 여겼다. 우리 세대는 당연히 아들이 담당하는 것으로 여겼으니까.

내가 모시기를 동생들이 바랄 것으로는 생각지 못했다. 70대 중반인 나, 평생을 과분한 짐과 함께 살아오느라고 나도 지쳤고, 내 삶만으로도 버거웠다.

시대 변화가 빠르다보니, 맏딸인 내가 모셔야 하는지…. 홀로 감당할 용기가 나지 않았다. 담쟁이도 한 뼘을 오르려면 함께 손을 잡는데, 다섯 자식들은 엄마의 문제를 함께 의논하자고 나서는 자도 없이 서로 침묵으로 눈치만 살폈다. 나도 늙었기에 먼저 나서지 못했다. 80대인 남편과의 살림만도 어려운데, 엄마를 모시겠다고 용기를 내지 못했다.

엄마는 한방병원에서 퇴원해 집으로 돌아왔다. 겉으로 보기에 엄마는 건강을 회복해서 일상생활로 다시 돌아갈 것으로 기대했지만, 아기가 되어 혼자서 계시지 못했다.

어떤 병도 없는 엄마가 왜 갑자기 아기가 되어 자신의 일을 포기하는지 전혀 이해되지 않았다. 그런 가운데 큰동생과 작은동생이 번갈아 엄마의 곁을 지켰다. 목요일은 내가 엄마와 시간을 보냈다. 파란 하늘에 햇빛이 밝게 빛나던 어떤 날, 엄마를 모시고 근처 공원으로 갔다. 공원 가운데 조그만 운동장을 두 바퀴 정도 천천히 걷다가 그늘진 의자에 앉았다.

모처럼 한가로운 오후였다. 그때를 틈타서 "엄마의 좋은 머리를 닮았더라면, 덜 고생하고 조금 더 일찍 박사학위를 받았을 텐데…."라고 말하며, 엄마의 좋은 머리를 물려받지 못한 것이 내게는 아쉽고, 엄마의 우수한 기억력이 아깝다는 말로 엄마에게 힘을 북돋워드리고 싶었다.

그 말에 엄마는 생기를 찾고 어린 시절로 돌아간 듯 빙긋이 웃으며, 초등학교 때 공부를 잘했다는 표시로 엄지손가락을 앞으로 내밀었다. 학교 수업이 끝나고 학급 일지를 들고 교무실에 가면, 여러 선생님들이 "후쿠토쿠, 고치 오이데!(복덕아! 이리 와보렴)" 하고 엄마의 이름을 불렀다고 한다. 아! 엄마는 정말로 머리가 좋구나! 90대 중반에도 엄마는 자신의 일본식 이름과 함께 일본말을 기억하고 있다는 사실을 알게 되었다.

농촌에서 딸을 초등학교에 보내는 집이 흔치 않던 시절에 엄마는 육남매 가운데 막내딸로 학교에 다녔다. 집에서 동생을 보거나 집안 살림을 돕느라고 한글을 깨치지 못하는 친구들이 너무 안타까워서 "너희들! 종이에 죽인다고 써놓아도 모르면 어찌 살아가니?" 하면서 친구들을 한 곳에 모아 놓고 한글을 가르쳤다고 한다. 집안일을 하지 않고 어디로 데리고 놀러 다니느냐고 친구 엄마들에게 원망을 들었다고 했다.

엄마는 이야기를 계속했다. 어떤 때는 사리원역에 나가서 전쟁터로 떠나는 사람들을 위하여 수건에 물을 적셔주기도 했다고 한다. "그때는 군인으로 나가면 모두 죽었어. 그래서 땀방울이라도 닦으라고 물통에 물을 담아다 수건에 물을 적셔 주었어." 그 말에 나는 "일본을 위해서 군인이 된 것이에

요?" 하고 물었더니 "그때는 일본이 우리나라였어."라고 대답하셨다. 일제 36년의 비극이 역사시간에 교과서를 통하여 배운 것보다 훨씬 생생하게 가슴을 울렸다. 이토록 엄마는 과거의 일을 똑똑하게 기억하고 있었다.

예전에 외숙모로부터 엄마는 시누이지만 어려서부터 말썽을 부리지 않고 틈틈이 집안일도 도우며 공부를 잘했다는 이야기를 들은 적이 있었다. 어렸을 때는 가족들로부터 귀여움을 받으며, 평화로운 가정에서 살았다는 엄마의 어린 시절은 행복했었다. 행복한 시절을 가졌던 엄마는 그나마 다행이라는 생각이 들었다. 엄마에 비하면 아버지는 어린 시절을 불행하게 보냈다. 아버지는 거의 고아처럼, 어머니가 있어도 만나지 못하고 외롭게 남의 집에서 살았다는 이야기를 들은 것이 희미하게 떠오른다.

엄마는 '어린 시절' 하면 초등학교와 교회를 말씀하시곤 했다. 외할머니의 돈독한 신앙에 이끌려 추운 겨울에도 십리길이나 되는 먼 교회를 걸어서 다녔다고 한다. 얼어서 반질반질하게 미끄러운 땅 위를 스케이트 타듯이 발로 밀면서 갔었다면서 평양 다음으로 황해도에 두 번째로 세운 교회가 모동교회라고 자랑했다. '황해도 봉산군 영천면 경천리에 있는 모동예배당'을 당신의 주소로 가르쳐 주었다. 교회를 당신의 고향이자 출생지로 기억하고 계셨다. 그럴 때마다 통일이 되기를 바랐다.

고생만 하는 엄마에게 기뻤던 일이 있었는지를 물었다. 한참 먼 곳을 바라보더니 '큰아들이 대학에 합격되었을 때'라고 말했다. 한밤에 "붙었어! 붙었어!" 하면서 아들이 엄마 방에 들어올 때, 불이 난 줄 알았다면서 그때를 더듬으면서 웃었다. 그리고 은행에 취직했을 때가 가장 기뻤다고 하셨다. 이 말에 역시 엄마는 아들을 선호하던 시대 사람이구나 싶었다.

친구들이 우리 시대에는 아들을 낳고 운 사람은 없어도, 딸 낳았다고 운 사람이 있는데, 요즘은 딸이 더 환영받는 시대로 아들만 있는 친구들이 딸이 없는 외로움을 말했다. 이렇게 시대는 변하지만, 실제 삶은 즉시 바뀌지 않았다. 어떤 길이 엄마에게 좋은지를 함께 의논해야 하는데 동생들은 내가 모시기만을 바라는 것 같았다. 아이들이 독립해 떠나서 공간적으로나 시간적으로 살펴도 마땅히 내가 모셔야 한다고. 70대 중반을 넘어 나도 죽음에 가까이 있다는 것을 모르는 듯했다. 누구나 자기의 일로 닥치기 전에는 짐작할 수가 없지 않은가.

직장을 그만두고 나는 엄마와 몇 번 여행을 했다. 불쌍한 엄마에게 국내여행과 해외여행을 시켜드리는 것이 엄마를 기쁘게 하는 일이라고 생각했다. 설악산 단풍, 진해의 벚꽃축제와 부산 해운대 바다, 남한산성의 가을 단풍을 보러 갔고, 미국 샌프란시스코와 요세미티, 그랜드캐니언을 포함한 서부와 하와이를 갔을 때나 일본 후지산과 닛꼬(日光), 하꼬네에 갔을 때 긴 시간이 있었는데, 그때마다 엄마보다 내가 아파서 엄마와 이야기를 많이 나누지 못했다. 그렇게 엄마는 건강하셨고 오히려 내가 아파서 걱정을 끼쳤다.

관광여행을 하는 동안 함께했던 사람들은 엄마를 모신 나에게 현대판 심청이라고 했다. 그 당시에는 오늘처럼 해외여행이 흔하지 않던 시절이라 인원이 많지 않아 버스에는 좌석이 남아 있었다. 그때도 내가 아파서 따로 앉아서 경치를 보았다.

서부관광을 끝내고 하와이로 갔다. 하와이로 가는 사람은 엄마와 나 단 둘이었다. 가이드는 택시로 하와이 여러 곳을 안내하면서 설명했다.

일본 후지산과 닛꼬(日光), 하꼬네 등 우리나라에서 볼 수 없는 아기자기한 경치를 보여드리고, 하꼬네로 가는 길에 기차, 배, 꼬마 열차 등을 타는 기쁨을 드리고 싶었다. 언제나 흰 눈으로 덮인 신령스러운 후지산에 가는 길은 구불구불했다. 큰 버스가 좁은 길을 돌 때마다 아슬아슬했던 기억이 난다. 10등급으로 나뉜 후지산은 여행객에게 5등급까지만 허용했다. 5등급지에서 내려 눈도 밟아보며 웃었다. 이때가 참으로 좋았다. 시간은 있었지만 창밖에 경치에 홀려 엄마에게 묻고 싶었던 이야기를 잊었다. 돌이켜보니 건강할 때는 경치에 홀리고 지루한 시간은 내 몸이 아파서 그냥 지나쳤다. 그리고 꼭 그때에 알아야할 긴박한 것도 아니기에 다음 기회로 미루었다. 이렇게 엄마는 건강하셨고 나는 걱정을 끼쳤다.

오래 누워계신 동안 좋아하는 찬송가를 물었다. 나는 엄마가 좋아하는 찬송가를 28장, 93장과 413장으로 기억하는데, 예상을 넘어 "199장"이라고 선뜻 대답하셨다. 얼른 찬송가책을 가져와 199장을 열었다. 제목이 '나의 사랑하는 책'이었다. 펼쳐서 불렀다.

"나의 사랑하는 책 비록 헤어졌으나 어머니의 무릎 위에 앉아서
재미있게 듣던 말 그때 일을 지금도 내가 잊지 않고 기억합니다.
귀하고 귀하다 우리 어머니가 들려주시던

재미있게 듣던 말 이 책 중에 있으니 이 성경 심히 사랑 합니다."

아! 아무리 늙었어도 엄마는 그리운 존재구나! 의외였다. 이 찬송은 전혀 생각하지 못했다. 엄마에 대한 마음은 죽을 때까지 그대로인가 보다. 그러고 보니 언젠가 보고 싶은 사람이 있느냐고 물었을 때, '어머니! 나인화' 하고 이름까지 똑똑하게 기억하며 힘차게 대답했던 적이 있었다. 이 노래를 부르는데 잔잔한 미소로 화답하는 얼굴이 환하게 밝았다.

항상 우리를 먹이고 공부시키기 위해 장사로 바쁜 엄마에게도 이토록 그리워하는 어머니가 있다는 사실을 전혀 짐작하지 못했다. 그러고 보니 선배의 남편도 85세에 이 세상을 떠나며 마지막에 엄마! 하고 불렀다는 말에 가슴이 아리고 찡했다. 그래서 소설가 최시한은 동인문학상 후보작 「간사지 이야기」에서 '인간을 살아있게 하는 것은 무엇인가'라는 의문과 동시에 '내 기억의 창고 갈무리하고 싶어서' 썼다면서 마지막에 "어머니는 과거가 아니라 영원한 현재다"라는 결론을 내렸다. 엄마는 그렇게 죽을 때까지 내 몸과 마음에서 떠나지 않는 존재구나. 엄마가 세상을 떠나면 나도 엄마를 생각하며 보고 싶어 할까. 예전에 엄마이름이 독특해서 잊지 않을 거라고 생각한 적이 있다. 나도 죽으면 내 아이들도 나를 그리워할까.

이렇게 엄마가 오래 누워 계셔서 함께 보내는 시간에, 엄마가 좋아하는 찬송이 뜻밖에 당신의 어머니를 그리워하는 노래였다는 사실에 핏줄로 이어진 생명의 인연이 가장 질기고 끊을 수 없는 것임을 실감했다.

때때로 고향을 그리워할 때면 '모동교회'에 가서 나와 내 어머니 이름을 대면 내가 살던 집을 가르쳐 줄 것이라고 했다. 그리고 큰조카 이름 '박재윤'도 가르쳐 주면서 그는 살아 있을 것이라고 했다. 집 주소보다는 자신의 고향을 모동교회로 기억하고 계셨다. 통일이 되면 제일 먼저 고향에 가는 것이 엄마의 소망 1호였는데, 통일도 못 보시고 그토록 그리워하던 '모동예배당'을 놓치고 떠나셨다. 나는 통일이 되면 엄마를 대신해서 가장 빨리 모동교회로 달려가기로 마음에 작정했다.

엄마의 침대 옆에는 서양 풍경의 액자가 걸려 있다. 자세히 보니 그림이 아니라 엄마가 수놓은 것이다. 겨울에 긴긴 밤이면 처녀들이 한 집에 모여 수를 놓으며 놀았다고 한다. 베개 마구리와 방석 그리고 수놓은 그림 같은 것들이 집안 한구석에 묻혀 있었다. 그냥 스치고 관심이 없었는데, 엄마가 눕게 되자 엄마를 기억할 수 있는 기념물을 가져가고 싶다는 소망이 불현듯 일어났다. 차마 남동생들에게 벽에 걸린 작품을 가지겠다는 말은 못하고 베개 안에 있는 메밀껍질을 쏟아내고, 양쪽 마구리에 수놓은 것을 몰래 가져왔다. 엄마는 수를 참으로 잘 놓으셨고 바느질을 잘 하셨다.

그런 재주가 생업으로 이어져 한복점을 하시게 된 것 같다. 손님의 저고리 길이가 길다든가 품이 넓다면 줄여 주는 등 손님이 원하는 대로 수선도 하셨다. 엄마의 재주가 삶을 오히려 힘들게 하는 것 같아 나는 엄마처럼 살지 않겠다면서 결혼할 때 재봉틀을 원하지 않았다. 엄마도 내 말에 찬성했다. 저고리 동정 하나도 달지 못하는 사람들이 오히려 더 잘 산다며 내 뜻에 동조해 주셨다. 지금까지도 재봉틀이 없어서 아쉬운 적이 별로 없었다.

언젠가 작은동생과 함께 엄마를 모시고 강화도에 나들이를 간 적이 있다. 마침 그곳에서 가수 양희은과 양희경 자매가 자신들의 엄마가 수놓은 작품을 '엄마의 솜씨'라는 이름으로 전시회를 열고 있었다. 그 수예품들을 함께 보면서 "엄마의 수놓은 작품이 더 훌륭하다."고 말했더니, 엄마는 처녀 때 수를 놓던 옛날을 회상하는 듯 환하게 웃으셨다.

엄마가 세상을 떠나신 후, 내게는 유품을 정리할 기회가 주어지지 않아 엄마를 대신하며 추억할 수 있는 물건이 단지

베개 마구리 밖에 없어서 허전하다.

내가 맏딸로 태어난 것은 나의 선택이 아니었다. 엄마를 위해서는 중학교에 진학하지 않고 살림을 맡아야 했는데, 엄마처럼 살지 않기 위하여 이미 세워둔 목표를 포기할 수 없었다. 그런 내 뜻을 엄마도 막지 않고 공부하려는 내 길을 열어주려고 애썼다. 공부를 하기 위해 저녁밥을 짓고, 일요일이면 가족들의 빨래를 담당했다. 세탁기가 없던 시절이라 손으로 빨래하고 다리미로 다리는 등 일요일도 나는 쉬거나 교과서 이외의 책을 읽을 수 있는 여유를 가질 수 없었다.

무엇보다도 시험 때면 공부만 하기에도 시간이 촉박한데, 저녁밥을 지어 동생들이 먹을 수 있게 차려주고 엄마가 계신 시장까지 저녁밥을 머리에 이어 가져다 드렸다. 6·25전쟁이 일어나기 전 해, 버스로 두 정거장 정도 떨어진 곳으로 이사를 가서 엄마의 가게에 저녁 밥상을 나르는 일은 내 몫이었다.

중학교 시절은 이렇게 살림의 일부를 담당하며 지냈고, 고등학교에 진학했는데 육체적으로 많이 아파서 병원에 자주 들락거렸다. 그때는 마침 지방에서 일하는 사람들이 많이 올라왔기 때문에 집안일을 맡길 사람을 두어서 살림에서 어느 정도 해방되었다. 이렇게 맏딸이라는 부담을 안고 살아왔기에 마음 한 구석에 그 피해의식이 채워져 있었다.

누워 있는 시간이 길어지면서, 무엇보다도 엄마가 제일 많이 힘들었고, 작은동생과 나도 지쳐갔다. 죽을 때가 되면 무엇인가 갑자기 달라진다는 말이 있는데 언제나 그날이 그날로 조금도 변화가 없어서 엄마에 대한 애정도 식어갔다. 그런데도 매일 아침 찾아가는 작은동생은 이제 그만 세상을 떠나셨으면 좋겠다는 말을 한 번도 발하지 않았다. 그 동생의 힘에 끌려 나도 내 본성을 드러낼 수가 없었다. 엄마는 점점 야위어 갔다. 그럼에도 시시때때로 더 오래 살기를 바라기보다는 '언제 떠나실까'라는 방향으로 기울어지곤 했다. 오래 누워서 시간을 보내는 것은 무의미했기 때문이다. 그러면서도 육체적 고통이 없는 것만도 다행이라 여기며 하나님께 감사기도를 드렸다.

그동안 건강하게 사셨기에 엄마에게도 죽음은 오지만 오랜 시간을 누워서 보내리라고는 조금도 예상하지 않았다. 평생 급한 병으로 119를 부른 적도 없고, 특별한 병으로 입원한 적도 없었다. 심지어 썩은 이가 하나도 없어서 치과에서 치료를 받은 적도 없었다. 아프다는 말씀을 하지 않아서 으레 엄마는 타고난 건강한 사람이라고 걱정하지 않았다. 하지만 평생 자식들에게 걱정을 주지 않았던 엄마가 아기가 되어 누워 계신 시간이 오래 되니, 자식들 중 어느 누구도 모시겠다고 나서지 않았다.

한번은 추석연휴에 동생들이 쉴 수 있도록 엄마를 우리 집에 모셨다. 한편으로는 내가 엄마를 모실 수 있는가를 시험하고 훗날 후회하지 않기 위한 뜻도 포함되어 있었다. 한 주일만이라도 정성껏 모시고 싶었다. 식단을 짜고 하루 세끼를 잘 해드렸다. 그런데 엄마는 기대와는 달리 불편해 하셨다. 엄마의 사고방식으로 딸네집이고 무엇보다도 맏사위를 어려워했다. 식사 후 텔레비전앞에 앉으면 사위와 제일 먼 자리에만 앉으려 했다. 나만 졸졸 쫓아 다녔다. 밥하면 부엌으로 빨래를 널러 베란다로 가면 그곳으로, 심지어 머리에 염색하느라고 화장실에 잠깐 들어갔다가 나왔더니 현관에서 어리둥절한 표정으로 나를 찾고 있었다. 안락의자 가운데 앉으라면 사꾸 피하면서 신혼여행에서 돌아왔을 때 밥도 해주지 못했다면서 사위 곁에 있는 것을 어려워하셨다.

추석 때 다니러온 내 딸과 식탁에서 이야기하는 것을 보고, 참으로 부러워했다. "나는 네 엄마와 지금의 너처럼 다정하게 이야기를 해보지 못했다."고 하셨다. 별스럽게 아기자기한 이야기도 아닌데 그렇게 선망하였다. 나만 엄마를 그리워

한 줄 알았더니, 엄마도 역시 나를 그리워했구나! 더 오래 계시도록 붙잡았지만 사위에게 미안하고 동시에 불편함 때문에 예정했던 시간보다도 더 빨리 집으로 가시겠다고 우겼다. 이렇게 우리 집에 일주일 계시다가 가면, 큰동생도 작은동생도 잠시라도 모시겠다고 나서기를 바랐다.

어느 책에선가 나이든 부모를 가진 모든 자식들은 저마다 모시려 하지 않으며, 혹 모시는 자는 힘들어하면서 원망하고, 모시지 않는 형제들은 서로 멀리한다. 그러다가 핏줄은 끊어진다는 글을 읽은 적이 있다.

그 말이 남의 이야기가 아니었다. 가까운 후배도 친정어머니 때문에 고민을 했다. 박사학위 과정을 밟는 동안, 친정어머니가 두 아들을 길러 주었는데, 연세가 많아지면서 몸에 이상이 오니, 언니와 오빠가 네가 엄마 덕을 입었으니 모시라고 했다는 것이다. 그런 가운데 파킨슨병으로 오래 누워있는 친구를 생각하면 차라리 빨리 죽는 것이 낫다는 결론에 이른다. 하지만 생명을 어찌 마음대로 조정할 수 있는가. 긴 병을 담당하는 가족의 삶이 사회적으로도 문제가 크게 대두되고 있다.

오죽하면 요즘 50대 60대 여성들이 늙은 부모님들 때문에 스트레스를 많이 받는다고 할까. 시집과 친정 양가 부모들의 장수가 이들에게 걱정을 안겨주고 있다. 시어머니가 79세에 세상을 떠나시던 1988년 그때만 해도 장수에 대한 문제가 사회에 떠오르지 않았다.

둘째 며느리지만 "시어머니를 첫째 며느리 못지않게 잘 모시라."고 했던 친정엄마의 말씀을 따르려고 최선을 다했다. 시어머니가 떠나시기 몇 달 동안은 아이들이 고등학교 2학년과 3학년 때였다. 아이들 뒷바라지와 강의 준비 그리고 시어머니 간병 등으로 정신없이 보냈다. 아마 바쁜 환경이 걱정을 밀어낸 것 같다.

하지만 늙은 내가 어떻게 하는 것이 엄마를 위한 길인가를 고민하던 차에 병문안을 왔던 구역장이 요양원에 모시라고 말했다. 그 순간 그 말을 진리인 양 그대로 받아들인 것이 바로 나였다. 그 제안을 급히 받아들인 데는, 아기가 되기도 했지만 혼자서 옷을 갈아입히기가 어려웠다. 한방병원에서는 간호사가 기술적으로 잘 입혀 주었지만 보통사람에게는 힘들고 어려웠다. 거기에 식사와 간식, 약까지 완전히 한 사람이 보살펴야 했다. 옷을 갈아입히기 어려운 순간, 집에서는 혼자 감당 못하겠다고 생각했는데, 때마침 구역장이 요양원으로 모시라고 하는 말에 순응해 버렸다.

매일 아침 문안 전화로 엄마를 보살피던 구역장에게 언제나 고마움을 느꼈고, 구역장을 좋아하셨기에 나는 조금도 지체하지 않고 요양원을 찾아보기로 했다.

젊은 동생들 누구도 모시겠다고 나서지 않으니, 나는 구역장의 말을 따를 수밖에 없었다. 나중에야 너무 빨리 요양원에 모시기로 결정한 것이 큰 잘못이었음을 깨달았다. 누워 있는 시간이 길어지면서 예상하지 못한 잘못을 저지른 딸이 되고 만 것이다. 이제는 보고 싶어도 볼 수 없는 엄마! 잘못을 용서 받고 싶은데 안 계신다. 엄마처럼 살지 않겠다며 들어섰던 학문의 길에서 평생을 헤맸다. 겨우 마쳤지만 엄마에게 큰 기쁨을 드리지 못했다. 스스로 선택한 과거와 불확실한 미래에 붙잡혀, 엄마의 노년은 어떻게 지냈는지 기억은 희미하고, 진정으로 사랑하며 보살피지 못했음이 이제야 떠오른다.

# 요양원으로

농경사회에서 산업사회를 거쳐 정보시대로 이동하면서 삶에 큰 변화가 일어났다. 무엇보다도 가족과 생명의 가치가 변하고, 신문과 텔레비전에서는 우리 사회의 고령화와 저출산을 우려하고 있다. 그때마다 노인층에 속한 나는 쥐구멍에 숨고 싶은 심정이다. 2001년 12월 30일 예배시간 설교에서 '늙어가는 길은 하나님에게 귀한 길이요 자랑스러운 길'이라는 말씀을 들었을 때만 해도 노인은 내게는 먼 길이었고, 자랑스러운 길이기에 조금도 걱정하지 않았고 늙음을 오히려 소망의 갈피에 묻어 두었다.

어느 날 정신을 차리니 스마트 혁명으로 급속하게 변한 사회 한가운데 놓여 있었다. 정신은 빠르게 발전하는 기계의

속도에 따르지 못하고 있다. 나이가 드니 육체적으로나 정신적으로 약해져 사회 변화에 적응하기가 두려웠다.

출산비용과 교육비를 제공한다고 지방자치단체들이 서로 다투어 선포할 정도로 아이들은 환영받지만, 노인들은 숨은 듯이 있어야 하는 존재다. 거기에 노인들의 건강보험료가 차지하는 비중이 40%나 되어 국가 재정이 거덜이 날 것처럼 떠드는 통에 어디든 피하고 싶은 심정이다.

내가 젊었을 때 본 노인은 당당한 모습이었다. 노인을 존경하며 떠받들어야 하는 전통사회의 윤리를 당연하게 받아들였었다. 보다 더 잘 살기 위하여 자식교육에 힘쓰기 시작하면서부터 공부를 잘하는 것이 최우선이 되어 입시 교육에 전적으로 모든 것을 쏟다보니 윗사람을 공경하는 의식은 저절로 사라진 것 같다.

사하라사막에 태어난 투아그레족 유목민 소년, 무사 앗사리드가 프랑스 유학에서 문명세계를 겪은 느낌- 문명국가의 진보가 인간을 고립으로 발전시켰다고 하면서 "아프리카에서 한 노인이 숨을 거두는 것은 도서관 하나가 불타는 것과 같다.(무사 앗사리드 『사막별 여행자』 p.95)"고 했다. 우리도 어렸을 때 할머니와 할아버지를 존경하고 받들었다. 식사를 하려면 으레 할머니와 할아버지가 먼저 숟가락을 들어야 먹을 수 있었다. 6·25전쟁 이전에 태어난 우리 세대는 조선시대의 유교적인 삶에 길들어 있었다. 부모를 섬기고 자식을 낳아 기르는 일은 사람으로 태어난 자로서 당연하며, 동시에 자식은 부모에게 효도해야 하는 것이 마땅한 도리였다. 경로사상을 자랑으로 여기던 전통이 점점 사그라지더니 요즘은 노부모를 퇴물로, 걱정의 대상으로 여기고 있다. 하지만 노인은 시간의 흐름에 저절로 그렇게 된 존재다. 늙고 싶은 사람이 어디에 있겠는가.

2010년에 들어서면서 '고령화 시대의 삶'이라는 표제가 빈번하게 등장했다. 그런 기사에 끌린 것은 바로 내가 70대에 들어섰기 때문이다. 어쩌다가 이 나이에 이르렀는지…. 참담했다. 길에서 지팡이를 짚고 다니는 노인들, 나무그늘에서 지나가는 사람들을 멍하게 바라보며 시간을 보내는 사람들이 곧 내게 닥칠 일이었다. 원래 앞서서 걱정하는 성격이라 더욱 예민하게 받아들였는지 모른다. 지금도 지팡이를 짚고 전철을 타는 사람들을 보면, 후일 내 모습 같아 쓸쓸해진다.

그런 가운데도 노년을 보람 있게 보낸 사람들도 있다. 유명한 화가 '피카소'는 마지막까지 영혼을 불태우는 일을 했다고 한다. 유성호는 그의 저서 『새는 빈둥지를 지키지 않는다』에서 '스스로 노후생활을 꾸려 나가겠다는 굳은 의지와 죽는 그날까지 자주적이고 능동적으로 살겠다는 의지를 갖는 게 중요하다'고 한다. '건강이 허락할 때까지 밖에서 일하는 것이 최고의 보약'이라고 했다. 그리고 동시에 고령화 사회에서 노인은 더 이상 사회의 존경과 연민의 대상이 될 수 없다고 잘라 말했다. 사회적 신분을 잃지 않고 경제적으로 안정된 생활을 누리는 사람을 '준비된 노후, 행복한 노년'의 표본으로 제시했다. 지난주 EBS세계테마기행(2018년 9월 27일)에서 이탈리아를 안내한, 연세대 교수는 조각가 '미켈란젤로'의 작품을 안내하면서, 그도 89세에 세상을 떠나기 6일 전까지 작품에 전념했다고 했다. 얼마나 행복한 죽음인가.

장수보다 중요한 것은 삶의 질이다. 얼마나 오래 살았느냐보다 얼마나 원하던 대로 살았느냐다. 늙어가는 것에 무심하게 그냥 맡기지 않고, 살아있는 동안 하고 싶었던 일, 읽고 싶었던 책, 가고 싶었던 곳을 계획해서 하나하나씩 실천하노라면 노년은 풍요한 시기가 되기도 한다. 자식들이 독립하면 지금까지 살아온 세월에서 얻어진 지혜를 바탕으로 언젠가 하고 싶다고 묻어 두었던 일을 마음대로 할 수 있는 자유가 주어진 시기다.

노후에 자유를 누릴 수 있는 기반을 마련하려면, 노인 스스로 변해야할 측면도 많다. 더 이상 보호 대상이나 지원 대상에서 벗어나 노년들 스스로 노년기의 주체가 되려는 자세가 필요하다. 오랫동안 우리 사회를 지배한 전통사회에서 받던 노인 대접은 이제는 기대할 수 없거니와 자신의 삶을 마무리하기까지 자립할 수 있도록 준비해야 한다.

태어나고 늙고 병들고 죽는다는 것은 누구에게나 공평하다. 그리고 죽지 않는 사람은 없다는 사실도 확실하다. 젊어서부터 노년기를 준비한 사람은 편안하고 풍요로운 시기가 될 수도 있다. 그런 진리를 알면서도 현재의 삶에만 몰두하다가 노년에 이르렀다.

엄마의 삶은 당신의 생산적인 일에서 물러나면서부터 변하기 시작했다. 사회가 급격히 서구화하면서 한복은 점점 사라지고 양복과 양장이 대세를 이루었다. 명절 때조차 환영을 받지 못하는 한복점을 그만두고 새로운 일을 시작하기에는 힘든 노년이었다.

마침 큰아들이 은행에 취직하면서 한복점을 정리했다. 가게와 집을 정리한 돈은 많지 않았고, 이어서 작은아들과 작은딸의 결혼에 필요한 경비를 담당하느라고 자신을 위한 돈을 챙기지 못했다. 그때 엄마의 오빠인 외삼촌이 '늙어 아프면 입원할 돈이라도 남겨야지 어찌 재산을 큰아들에게 맡겼느냐'라는 말을 반추하면서 당신의 경제를 챙기지 못했음을 후회하셨다. 지금 생각하니 늙어도 돈은 꼭 가지고 있어야한다는 원칙도 모르셨고 당신을 위한 미래는 전혀 준비하지 못하셨다.

노년기를 연구한 학자가 '노년의 육체뿐만 아니라 노하기를 잘하는 정신적 변화도 이해하고 살펴야한다.'는 말을 나는 전혀 짐작도 하지 못했다. 나를 고통스럽게 하지 않으려고 엄마는 스스로 참고 견뎠고, 나는 내 노년을 위한 준비에만 골몰했다. 엄마와 노년을 동행하는 길을 왜 찾으려 하지 않았는지 모르겠다. 그토록 엄마는 오랜 세월 내 가슴 속에 나의 보호자요 내가 의지하는 존재였음에도 불구하고.

불행하게도 아버지가 떠난 후, 엄마는 혼자 네 자식을 먹이고 교육시키기 위하여 장사에 몰두하느라고 노후를 위한 준비를 할 겨를이 없었다. 직장에 다니는 둘째딸의 살림을 보아주는 것이 노년의 삶이었다. 손자들과 살림을 돌보며 신앙에 몰입하기 시작했다. 신앙이 엄마에게 노후대책이 된 셈이었다.

함께 살지 않은 탓인지, 엄마는 깊은 신앙심을 지녀서 건강하게 시간을 보내신다고 믿었다. 한 달에 한 번 만날 때도 외롭다거나 깜빡 잊었다는 말을 듣지 못했다. 찬송가 외에는 어떤 노래도 듣지 못했다. 주위에는 믿음으로 동행하는 성도들이 많아서 엄마는 외로울 거라 생각한 적도 없다. 하지만 어느 날 "평생 터놓고 무슨 일이나 말할 수 있는 친구가 있어야 하는데…."라고 한탄하시던 기억이 난다. 황해도에서 태어나 살다가 서울로 시집을 왔으니 어려서 함께 자란 친구가 없었고, 장사를 하느라고 동네에서 사귈 수 있는 친구도 만들지 못하신 것 같다. 얼핏 스쳤던 한탄에서 엄마는 늘 가슴이 텅 빈 것 같은 허허로움을 평생 안고 살지 않았을까.

조선일보사의 문화부 차장 권혁종이 「어머니의 노래」를 책임 맡아 1년간 연재하면서 매만졌던 원고를 『어머니의 노래』라는 책으로 엮었다. 머리글에서 '필자들은 저마다 어머니의 노래에 얽힌 추억을 빌미 삼아 굴곡진 가족사와 회한을 고해하듯 절절하게 들려 줬다.'고 했고, 정해종 시인은 평생을 가난과 함께 살다 떠나간 아내의 무덤 앞에서 아내가 즐겨 부르던 곡조(봄날은 간다)를 하모니카로 불며 눈물을 흘리던 아버지를 추억했다고 한다. 어머니는 '가난과 지병이 눈물을 주었고 이따금씩 회한에 젖어들거나 술기운이 오를 때, 혼자 부르곤 하던 노래가 이난영의 「목포의 눈물」과 백설희의 「봄날은 간다」'를 회상했다.

그밖에도 필자 모두의, 어머니에 대한 한을 가슴 뭉클하게 전한 노래들이 실려 있다. 이렇게 보통 어머니들은 한을 노래로 풀었다는데, 우리 엄마에게도 그런 노래가 있었을까. 아마 초등학교 때 배운 노래가 있겠고, 신앙생활에서 얻은 찬송가가 부를 수 있는 유일한 노래에 해당될 것 같다. 그 밖에는 세상에 어떤 노래가 있는지조차 모르셨을 것이다.

엄마에게서 노래는 들은 바 없지만, 한복장사를 할 때 놀라운 기억력에 감탄한 적이 있다. 어떤 단골손님이 와서 이것으로 치마를, 저것으로 저고리를 하라고 말하고는 그냥 가버렸다. 나는 바로 "엄마 왜 치수를 재지 않아?" 하고 물었다. 그 말에 "응 저 '미연이 엄마' 치수는 다 알아."라고 대답하는 엄마의 기억력에 감탄했다. 저고리의 품과 화장 길이, 그리고 동정을 달아야 하는 깃 치수 등을 어떻게 기억할 수 있는가. 그뿐만 아니라 외상 장부도 없이 장사를 하였다. 기억력이 없는 나보다는 그렇게 기억력이 뛰어난 엄마가 공부를 했으면 훨씬 좋았을 거라는 생각을 가끔 했다.

『엄마의 노래』에 실린 필자들의 엄마는 노래로라도 한을 풀었는데, 우리 엄마는 모든 고통을 무엇으로 삭혔는지 모르겠다. '일에 바쁜 꿀벌은 슬퍼할 겨를도 없다.'는 속담이 바로 엄마의 삶이 아닐까. 나도 그 당시에는 육아와 직장 일로 헤맸고, 또한 둘째 딸과 함께 살기에 큰 고민은 없을 것으로 생각했다. 지금 생각하니, 엄마와 단 둘이 만나서 점심식사라도 하면서 딸네 집에서 사는 어려움에 대해 들었어야 했다.

여동생의 두 아들이 성장하자 엄마는 혼자 살기를 원했다. 막내딸을 통하여 그 뜻을 전하며 혼자 살 수 있는 주거지를 마련해 주기를 원했다. 다섯 자식 누구나 찾아오기에 편리한 곳에 집을 마련해 드렸다. 3층 빌라의 2층이었는데 마침 주인도 독실한 기독교인이라 편안하게 지낼 수 있었다. 시장이 가까워, 오고가는 길에 시장구경도 하며 열심히 교회생활을 했다. 생활비와 과일과 떡 등 잡수실 것을 가지고 가면 불편하다거나 외롭다고 하신 적이 없어서 편안하게 잘 지내시는 것으로 짐작했다.

그러던 어느 날 둘째 아들인 작은동생이 자기 집에 모시겠다고 데려갔다. 그 아들 집에서 4년을 지내셨다. 작은동생네는 분양받은 새 집으로 이사 가게 되었는데, 작은올케는 시어머니와 함께 지내고 싶지 않았던 모양이고, 엄마에게는 맏며느리도 있으니 부담에서 벗어나고 싶었던 것 같다.

엄마는 또다시 혼자 사셔야 하는 운명에 놓였다. 물건처럼 이리저리 밀리며 살아야 하는 당신의 신세를 한탄하며 얼마나 슬퍼했을까. 그때 눈물을 많이 보이셨다. 다행히도 큰동생이 자기 집에서 가까운 곳에 작은 아파트를 마련해 드렸다. 그곳에서 10여 년을 성도들과 즐겁게 사셨다. 13층의 아파트는 밝고 따뜻해서 좋았다. 교회생활에 전념하면서 월요일을 빼놓고는 거의 교회에 가거나 성도들과 집에서 담소하며 잘 지냈다. 거의 나이가 많은 노인들로 구성된 구역의 구역장은 노인 한 분 한 분을 정성스럽게 섬겼다. 매일 아침 전화로 문안 인사를 해서 자식들보다 더 잘 챙기는 구역장에게 감사했었다. 엄마도 그 구역장을 참으로 좋아하셨다.

엄마가 한방병원에 입원해 있을 때, 위문으로 왔던 구역장은 요양원으로 보내라고 했다. 그때 엄마를 여러 가지로 보살피는 길을 모색하고, 이런 경우에 어떻게 하는 것이 좋은지를 다섯 형제가 의논했어야 하는데…. 나는 평상시 엄마를 알뜰하게 보살펴준 구역장의 고마웠던 은혜에 힘입어 얼떨결에 요양원이 좋은 길이라 생각했다.

그 길을 옳은 길로 여겼고, 그 방향으로 추진하면서도 잘못이라는 생각이 조금도 들지 않았다. 외롭게 혼자 계시는 것보다 여러 사람이 어울려 지내는 것도 노년에 나쁘지 않다고 생각했다. 우선 자신이 식생활을 해결하지 않아도 되고, 살림을 하지 않아서 편할 것 같았다. 사실은 내가 그 길을 바라고 있었던 것 같다. 나도 내 손으로 밥을 해먹을 수 없는 지경에 이르면 실버타운이나 요양원에 가야겠다고 생각했기에 그저 엄마가 계시기에 좋은 요양원을 찾는 데만 힘썼다.

엄마가 아프기 전, 우연히 대화하는 중에 지나가는 말로 당신이 다니는 순복음교회를 자랑하면서, 아픈 노인들을 돌보는 '엘림 요양원'도 있다고 말한 적이 있다.

그 요양원이 문득 떠올랐다. 마침 엄마의 집에서 가까운 '엘림요양원'으로 우선 찾아갔다. 그곳에 계실 수만 있다면 엄마와 친한 권사님들이 오고가는 길에 찾아올 것이라는 기대를 품고 갔다. 넓은 마당과 나무가 우거진 환경을 가진 건물이 마음에 들었다. 그러나 실제로 수속을 하려고 하자, 대기자가 많아서 2~3년은 기다려야 한다고 해서 대기자 명단에 올려놓고, 병실을 둘러보았으나 의외로 6인용 병실은 좁고, 침대 커버와 베개 등은 깨끗해 보이지 않았다. 그래도 익숙한 동네에 교회가 가깝고 구역성도들이 오고가다가 보러 오실 것 같아 자리가 나기를 소망했으나 금방 생기지 않았다. 할 수 없이 여기저기를 수소문해 가면서 찾아보기 시작했다.

다른 몇 곳을 물색하였다. 내 주위에는 요양원에 부모를 모신 사람이 없어서 어떤 기준으로 선택해야 좋은지 물어볼 데가 없었다. 인터넷으로 찾아서 가보면, 위치도 사실과 다르고, 예상했던 것보다 아주 좁고 풀 한 포기도 없는 삭막한 환경이었다. 할 수 없이 자식들의 집에서 멀리 떨어진 은평구에 있는 요양원에 가 보았다. 작은동생의 후배가 의사였는데, 그 후배의 어머니가 운영한다는 '순애원'을 찾았다. 2만평의 산과 들을 배경으로 병실도 넓고, 마당에는 여러 가지 꽃들이 피어 아름다웠고, 연못에는 하얀 오리가 떠서 한가롭고 평화로웠다.

그 의사의 어머니가 운영한다는 점에 믿음이 가서 원장님을 뵙고 특별히 부탁을 했다. 입주하는 날, 10월 30일 아침 일찍 엄마에게 갔다. 큰동생과 작은동생과 엄마와 나 네 사람이 자동차에 올랐다. 누구도 말을 하지 못하고 자동차는 은평구에 있는 '순애원'으로 달렸다. 모든 수속을 마치고 배정받은 엄마 방으로 갔다. 한 방에 3사람이 있는데, 엄마의 자리는 통유리로 된 창문과 침대가 마주하고 있었다. 침대에서 바라본 창밖은 아름답게 물든 단풍이 살랑거리고 있었다. 그 순간 나는 엄마의 마음은 살피지 않고, 아름다운 풍광에 반해버렸다. 준비해간 속옷과 치약, 칫솔 등 일상용품을 정리해 넣었다.

저녁 식사 시간이 가까워지자, 엄마에게 자주 오겠다고 말하고 자동차에 몸을 실었다. 뒤를 돌아보니 엄마는 우리를 멍하니 바라보고 있었다. 그때 엄마는 벼랑에 떨어지는 황당한 절망에 빠졌을 것이다.

아버지가 일찍 떠나셔서 혼자 힘으로 자식들을 먹여 살리고 대학까지 보낸 엄마는 하늘이 무너지는 슬픔을 느꼈을 것이다. 자식들이 먼 곳에 당신을 버렸다고 생각했을 것이다.

돌아오는 자동차 속에서 우리는 아무 말도 하지 않았다. 그제야 엄마가 살던 곳에서 가까운 요양원을 구하려고 하지 않고 왜 그렇게 먼 곳으로 왔는가 하는 후회가 들었다. 조금 더 생각해보지 않고, 왜, 그 길로 직행했을까. 죄스러웠다. 결과적으로는 엄마에게 하늘이 무너지는 허망을 안겨 드렸다.

다양한 프로그램과 좋은 시설에 혹하여 선택한 요양원 '순애원'에 가려면 너무 멀어서 긴 시간이 걸린다는 단점이 있지만, 거기서 엄마를 만나면 기분이 상쾌했다. 사방이 산으로 둘러싸여서 온통 푸른 나무들이 눈에 들어왔기 때문이다. 앞마당 정원은 언제나 예쁜 꽃들이 반기고 있었다. 아름다운 환경에 취하여 나는 엄마도 당연히 그렇게 좋아하리라 믿었다. 어쩌면 내가 더 좋아했는지 모른다.

잔디밭에 앉아 이야기를 하면서 우연히 엄마의 손등을 보았다. 하얀 피부에 발그스름한 실핏줄이 거미줄처럼 얽혀 있었다. 늙으면 저절로 살이 빠지는구나. 엄마 얼굴은 항상 발그레한 홍조를 띠고 있어서 건강을 염려하지 않았다. 복잡한 서울을 벗어나 엄마가 계신 곳은 경치가 아름다워서 참으로 좋았다. 물리치료실도 있고, 종이접기, 노래, 그림그리기 등 여러 가지 취미활동을 할 수 있는 환경에 더욱 끌렸다. 평생 취미를 생각할 여유도 없이 바쁘게 살아온 엄마이기에 여러 가지 체험으로 시간을 즐겁게 보내기를 소망했다. 큰동생과 작은동생과 내가 번갈아 가뵈면 엄마는 좋은 환경에 잘 적응하리라 믿었다.

일주일에 한 번 가면, 복도를 4번 같이 걷고, 하고 싶은 말이나 일이 있는지를 물었으나 아무 말도 하지 않으셨다. 그림그리기, 종이 접기, 물리 치료 등 이것저것을 골라서 해 보세요. 하고 권했다. 엄마는 전혀 의욕이 없었고, 흐드러지게 핀 벚꽃도 반가워하지 않았다. 푸른 나무들이나 정원의 예쁜 꽃을 보면서도 전혀 기뻐하지 않았고 햇볕을 쬐는 것도 원하지 않았다. 자동차 운전자가 바로 앞만 보듯이, 엄마는 장사에만 골몰하고 살았기 때문인가 보다.

남편의 저녁식사 시간에 맞추어 서둘러 집으로 오는 길은 언제나 우울했다. 집에 모시고 갈 수도 없고, 그곳의 생활에도 적응하시지 못하는 엄마를 생각하면 맏딸이라는 내 처지가 원망스러웠다. 그때마다 나는 90살까지 살지 않기를 바랐다.

2월 말 날씨가 따뜻해지니 엄마 방이 밝고 좋았다. 함께 머물고 싶은 생각도 들었다. 탁 트인 유리창문은 빽빽한 나목 사이로 들어오는 밝은 햇빛을 그대로 통과시켰다. 엄마를 모시고 밖으로 나와 천천히 걸었다. 목련의 가지마다 꽃망울이 부풀고, 땅에서는 무엇인가 움트고 있었다. 따뜻한 햇볕에 같이 오래 있고 싶은데, 방으로 가서 누우시겠다고 한다. 침대에 눕히고 집으로 돌아 나오는 마음은 착잡했다.

한창 더위로 치닫던 어느 여름날, 엄마를 보러 푸른 숲을 통과하면서 기분이 밝아져서, 즐거운 마음으로 면회실에서 엄마를 기다렸다. 그런데 엘리베이터에서 나오는 엄마는 나를 보자마자 눈물을 흘리셨다. 왜 우시냐고 물었더니 보고 싶었단다. 눈물을 본 것이 의외라 너무 놀랐다. 면회실에서 과일과 떡을 드리며 이야기를 유도했다. 보통 때와 달리 이상한 이야기를 하셨다. 어떤 총각 선교사가 엄마를 이 적막강산에 데려다 놓고 가버렸다고. 그 사람을 다시 만나면 지팡이로 때리시겠다고….

당황스러웠다. 지금까지 의식은 정상적이고 또렷했는데, 왜 갑자기 엉뚱한 말을 하시는 걸까? 의문이 일었다. 담당 보호사를 찾아 물으니 며칠 전에 방을 옮겼다고 한다. 불이 났을 때 필요한 스프링클러를 설치하느라고 A동에서 B동으로 방을 옮겼다고 한다. 그렇지 않아도 당신이 살던 곳과는 동떨어지고, 자식들 집과도 먼 곳에 있어서 외롭게 버려졌다고 느꼈을 텐데…. 막 적응하려는 단계에서 또다시 방을 옮기니, 엄마는 자신을 잃어버린 것 같다. 아무 말도 하지 않고 하늘만 멍하니 바라보는 모습이 정신이 나간 사람처럼 총기가 없었다. 꽃을 보아도 무심한 엄마, 여러 가지 꽃이 사방에서 유혹하는데도, 꽃들이 피는지 떨어지는지 이토록 무심할 줄 몰랐다.

어느 날 아들과 며느리가 외할머니를 뵙겠다고 해서 함께 갔다. 마침 큰 공간에서 예배를 드리고 있었다. 찬송을 부르며 손뼉 치면서 움직이는 사람들 속에 엄마를 뵈러 몰래 뒤에 숨어서 보았다. 엄마는 힘없이 앞만 바라보며 찬송도 부르지 않을 뿐 아니라 손도 움직이지 않고 멍한 모습이었다. 예배가 끝나자, 나는 반갑게 엄마를 맞으러 갔다. 하지만 엄마는 냉정한 얼굴로 나를 훑어보더니 "왜 나를 버렸니? 박사인 네가 나를 버리다니?"를 반복했다. 그 말에 하늘이 무너지는 아픔을 느꼈다. "그래요, 맞아요. 엄마 제가 잘못했어요." 아들과 며느리는 어떻게 받아들였는지 묻지도 못했다. 나로서는 엄마와 평생 끈을 놓지 않고 살아왔는데, 결과는 엄마를 버린 딸이었다. 참고 살아왔던 성품이 돌변한 것 같다.

그날 집으로 돌아오면서 고민이 깊어졌다. 자식들을 가르치고 먹여 살리느라고 계절 따라 피는 꽃도 모르고 기쁨을 누리지 못했기 때문에, 눈만 뜨면 보이는 푸른 숲에도 관심이 없는 것 같았다. 여러 가지 프로그램이 있으니 물리치료도 받고, 노래도 부르고, 종이접기도 하면서 오히려 새로운 노년의 기쁨을 누리시기를 바랐는데, 전혀 반대 방향으로 빗나가는 엄마를 어떻게 해야 할지 몰랐다. 예상하지 못한 치매, 그것도 곱게 떠나실 것으로 믿었던 기대가 강한 성품으로 변한 치매에 당황했다.

작은동생은 요양원에서 가까운 곳에 방을 얻어 살며 엄마와 많은 시간을 함께 있겠다고 했다. 하지만 아내를 두고 혼자 지내는 것도 해결방법이 아니었다. 엄마의 마음을 몰랐기에 이 지경에 이르렀다. 겨우 익숙해지려는데 방을 또 옮기느라 발생한 엄마의 정신분열을 해결할 방도를 찾기로 했다.

한참 더운 8월에 미국에 사는, 작은동생의 친구가 엄마에게 인사를 드리러 가겠다고 해서 함께 갔었는데 엄마를 뵙고 돌아 나오면서 그 친구가 "너와 네 형 참으로 나쁜 놈이야! 어떻게 집에 모시지 않고 이렇게 외딴 곳에 있게 하니?"라고 말했나고 한다. 그렇지 않아도 엄마의 눈빛이 점점 이상해지고, 눈에서 나오는 파란 빛에 섬뜩했기에 새로운 길을 찾아야겠다고 걱정하던 참이었다.

요양원이 먼 것이 큰 잘못이었다. 무엇보다도 '노인에게는 익숙한 환경이 제일 좋다.'(추가옥 『우리가 결코 알지 못하는 노년의 삶』 63쪽)는 사실을 진작 알았더라면. 엄마가 살던 동네의 요양원에 대기자가 많다고 해도 그곳에서 가까운 요양원을 찾았어야 옳았다. 늙어서는 이사도 하지 말라는 말도 있는데 아기가 된 엄마를 시설이 좋다는 생각만으로 멀고 낯선 곳을 택한 내가 잘못이었다.

엄마의 문제를 의논하기 위하여 오남매가 모처럼 만나기로 했다. 현재의 요양원에서 엄마가 적응하지 못하니 다른 요양원을 찾아보자는 문제를 제기하기도 전에 큰동생은 전혀 예상 밖의 말을 꺼냈다. 엄마가 돌아가시면 아버지 묘에 합장할 것이라고. 참으로 어이가 없었다. 엄마에게 좋은 곳을 물색하자는 의논을 하려고 했는데, 형제들과 한마디 의논도 없이 엄마의 살림도 일방적으로 정리해 버렸다고 한다. 엄마는 아직도 살아 계신데…. 자신의 집이었던 엄마의 집을 팔아버린 모양이다.

# 새로 찾은 요양원

아름다운 자연환경과 좋은 시설은 노년의 삶에 필수적인 조건이 되지 못함을 엄마를 통하여 절실히 깨달았다. 진작 알았다면 엄마의 마음에 상처와 두려움을 주지 않았을 텐데, 나의 잣대로 요양원을 선택한 것이 큰 잘못이었다. 시설이 아무리 좋아도 엄마가 적응하지 못하고, 정신에 이상이 온 것을 보면 알 수 있다. 하루 빨리 작은동생이나 우리 집 가까운 곳의 요양원을 찾아 마음에 안정을 드리기로 했다. 두 곳을 집중적으로 물색했다. 몇 군데 다니면서 원장과 대화를 해보았다. 내가 사는 분당과 작은동생이 사는 고려대학 근방을 두루 살폈다. 인터넷에 오른 정보와는 전혀 다른 시설과 거리에 엄마에게 알맞은 곳을 찾기가 어려웠다. 어떤 곳은 정해진 전철역으로 가면, 거기서 몇 번 버스를 타고 오라고 한다. 내가 사는 분당의 어떤 곳은 높은 건물의 16층 한 층만이 요양원인데, 거실과 잠자는 방 이외에 몸과 마음이 쉴 수 있는 시설이 전혀 없었다. 화분 하나도 없는 사무실이었다.

컴퓨터 앞에 앉아 수없이 전화로 물어보고, 믿음이 가는 지역을 여러 군데 찾아보았다. 결국 시설은 그다지 좋지 않지만, 사회복지학박사이며 신학박사인 원장님이 환자를 따뜻하게 보살필 것 같은 곳으로 옮기기로 결정했다. 마침 작은 동생 집에서 가까운 곳이라 더욱 좋았다. 돈암동으로 옮기면서 작은아들 집이 아주 가까이 있다고 말씀드렸다.

3층짜리 가정집을 개조해서 만든 작은 요양원이었다. 인원이 적고 요양보호사들이 친절했다. 옮기기 전날 나는 작은아들 집 가까운 데로 옮긴다는 말을 하러 엄마에게 갔다. A동에서 B동으로 옮기면서 혼란을 겪은 엄마에게 미리 말씀 드리는 게 좋을 것 같아서였다.

시설이 좋은 것보다 엄마의 마음에 위안이 될 수 있는 곳을 골라서 옮겼다. 마당도 없는 3층 건물로 된 요양원은 얼핏 보면 가정집이다. 그 앞 뒤로 3층 단독주택들이 줄지어 있는 조용한 동네다. 바로 앞에 이르러야 요양원이라는 현판이 눈에 들어오고, 현관문을 열고 들어가면 원장실과 식당,

면회실 그리고 환자들에게 필요한 물품을 두는 방이 있다. 2층과 3층에 환자들이 머무는 방들과 넓은 거실이 있다. 거실에서 텔레비전도 보고, 노래를 부르거나 손과 발을 움직이는 간단한 체조도 한다.

엄마의 방은 독방이다. 독방 하나만 자리가 있어서 겨우 얻은 방이다. 그런데다가 엄마는 믿는 사람하고만 이야기하기 때문에 혼자 있는 방이 더 좋을 거라고 생각했다. 다른 사람들과 어울려 이야기를 나누면 하루의 일과가 즐거우련만. 시설이 좋은 순애원에서 식사만 하고는 돌아와 침대에 누운 것이 다리의 힘을 잃게 된 원인이었다. 평생 장사하느라고 여가 시간을 누리지 못해 보셔서 사람도 사귀지 못하고 좋은 프로그램을 이용하지 못한 것 같다.

독방에 계시니 자식들이 엄마를 뵈러 가기는 좋았다. 하지만 2층에 있는 16사람들은 대부분 식사 후 거실에 나와서 서로 이야기하거나 텔레비전을 보는데 엄마는 항상 당신 방에 혼자 누워계셨다.

다행히도 가까운 곳에 사는 작은동생이 매일 아침 11시면 엄마에게 출근한다. 엄마가 좋아하는 물김치와 장조림 등의 반찬과 요구르트, 초콜릿, 치즈, 밤 삶은 것을 간식으로 드린다. 작은아들을 날마다 보게 되면서 엄마는 안정을 찾아갔다.

순애원에 계시는 동안 걷지 못하게 되신 엄마는 거의 누워 지내며, 마음대로 움직이지 못해서 목욕과 식사 등 모든 일에 요양보호사의 도움을 받아야 하는 지경에 이르렀다.

다행이라면 병으로 인한 통증이 없는 것뿐이었다. 통증이 없는 엄마는 항상 똑같은 자세로 누워서 눈을 감고 있거나 뜨고 있다. 뜨고 있는 날은 미소로 반긴다. 어디 불편 곳이 없느냐고 물으면 항상 "괜찮아."라고 말씀하신다.

나는 그 괜찮다는 말이 기쁘지만은 않았다. 너무 오래 똑같은 말만 반복해서 듣기 때문이다. 요양보호사를 총괄하는 책임자 구실장은 항상 밝고 생기가 넘치는 말로, 엄마의 건강을 세심하게 보살피고 있으니 걱정하지 말라며 "감기 한 번도 걸리지 않고 잘 지내세요."라며 용기를 주곤 했다. 1년이 지나면서 등에 욕창이 생겼다. 욕창이 생기면 죽는다는 말을 들었는데, 구실장이 잘 치료해서 완치되었다. 갈 때마다 구 실장은 엄마의 욕창을 완치시켰다는 자랑과 독감도 걸리지 않을 만큼 건강하시다고 자신의 돌봄을 과시하는 듯했다.

어느 날은 요양보호사가 엄마 손톱에 매니큐어를 발라주었나 보다. 엄마는 손을 이불 위로 내밀었다. 나도 결혼식 날을 제외하고 매니큐어를 바르지 않아 무심했고, 엄마는 생전 처음 발랐을 것이다. 그때야 엄마의 손톱을 보게 되었다. 얼마나 잘 다듬고 정성껏 칠했는지 연분홍빛 손톱은 갸름한 모양으로 예뻤다. 엄마의 손톱이 길다는 것을 처음으로 알았다. 짧은 손가락에 짜리몽땅한 내 손톱에 비해 참으로 고왔다. 엄마도 손을 이불 위에 내놓고 자랑하고 싶었던지 웃음을 띠고 있었다.

엄마가 요양원에 계신 시간이 길어지면서 나는 언제쯤 이 길에서 벗어날 수 있을까 생각했다. 나도 80에 가까워지는 내 삶을 정리해야 하는데…. 뚜렷한 일도 없이 흐르는 시간에 조바심이 나기도 하고, 어떻게 하는 것이 엄마를 위한 길인지 갈피를 잡을 수가 없었다.

월요일마다 과일과 죽을 가지고 갔다. 음식을 잡수시고 나면 무슨 말로 화제를 삼아 엄마의 마음에 기쁨을 안겨드릴까. 아무리 생각을 해보아도 좋은 생각이 떠오르지 않았다. 자연히 엄마의 얼굴을 찬찬히 들여다보게 되었다. 평생 익숙했던 엄마의 얼굴이 낯설었다. 생각했던 것보다 작았고 주름이 많았다.

뜻밖에 새로운 모습을 발견했다. 엄마의 조그만 눈에서 유난히 반짝이는 빛이 나오고 있었다. 참으로 신기했다. 소설에 자주 나오는 묘사처럼 엄마의 눈동자는 맑고 빛났다. 한참을 들여다보았다. 눈은 작은데 마치 보석이 불빛에 빛나는 듯했다. 왜 지금에야 엄마의 눈빛을 보았을까. 혼자서만 보기가 아깝고 또한 내 느낌이 맞는지 확인하고 싶었다. 마침 구실장이 오기에 엄마의 눈을 보라고 했다. 구실장은 "그러네요." 라며 빙긋이 웃었다. 나는 확실하게 "정말 눈에서 광채가 나네요."라는 대답을 듣지 못해 서운했다. 그 후로도 으레 엄마의 눈빛을 여러 차례 보았는데 항상 맑게 빛났다. 거울에 비친 내 눈빛은 흐렸다. 엄마가 세상을 떠나실 때 저 눈빛을 받고 싶다는 소망을 품었다.

### 요양원 풍경

요양원에 100세가 되신 분이 계셨다. 작은동생이 매일 오전에 엄마에게 찾아오고, 월요일마다 찾는 내가 눈에 자주 띄어 관심을 가졌던가 보다. "저분이 100세인데 스스로 화장실에 출입하고 책도 읽으세요."라고 요양보호사가 말해주어서 유심히 보았다. 무엇보다도 걸을 수 있다는 것이 부러웠다. 우리 엄마도 텔레비전을 보고 책도 읽었으면 얼마나 좋을까.

드디어 어느 날, 그분이 엄마가 있는 우리 방으로 왔다. 누워있는 분하고 어떤 관계냐고 먼저 물었다. 어머니라고 답하자, 자신은 일본 식민지시대 사범학교를 졸업하고 교사생활을 했으며, 지금도 텔레비전보다는 책읽기를 좋아한다며 자랑했다. 그리고 나를 피부가 곱고, 요양원을 찾아오는 사람 가운데 가장 우아한 사람이라고 칭찬했다. 고맙다고 대답을 하자, 겉치레 소리가 아니라면서 나도 배운 사람이라 사람을 볼 줄 안다고 자신 있는 표정으로 말하면서 일제사범에 다녔음을 증거라도 하는 듯 일본말 몇 마디를 했다. 그렇다. 배움은 늙을 때까지 자신을 지탱하는 힘이 되는 구나! 하지만 일본어를 자랑하는 것이 부끄러운 일인 줄은 모르는 듯했다.

사람들로부터 인상 좋다는 말을 많이 들었다. 그저 지나가는 말이려니 생각했는데, 100세 되는 분의 칭찬은 내 가슴에 각인되었다. 바로 부모에게 받은 유전인자일 뿐 내 노력이 아니지 않는가. 아버지와 엄마의 피부가 희고 고왔다. 그제야 피부문제로 고민한 적 없이 편하게 살았음을 깨닫게 되었다. 그리고 아무리 힘들어도 엄마는 이 새끼, 저 새끼 같은 쌍욕을 한 번도 하지 않으셨다. 그런 환경에서 자라서 우리는 어디에 가도 좋은 가문의 자녀로 보였다.

어느 날 요양보호사가 수면을 취하지 못했던 일을 이야기했다. 그곳에 계신 분들은 낮보다 밤에 자지 않고 잘 싸운다고 한다. 두 환자가 서로 물어뜯고 싸우는 바람에 한 사람의 팔의 살이 뜯겨서 응급실에 가서 수술을 받았단다. 그 비용을 보호자에게 통고했더니, 그것은 요양원의 책임이라며 부담하지 않아서 원장님이 지불하셨다면서 요양보호사는 자신이 잘 돌보지 못한 탓도 있는 양, 어려움을 토로하면서 항상 그대로 누워 계시는 엄마를 좋아했다. 큰소리로 불평하거나 자잘한 심부름을 시키지 않기 때문에 엄마를 돌보기가 편하기 때문이요, 혼자 계시는 방이라 자신들도 힘들 때 잠깐 와서 쉬는 것 같았다.

### 시간을 거슬러

한없이 누워 계신 엄마는 얼마나 일어나 걷고 싶으셨을까. 기억을 거슬러 동대문 시장에 엄마를 따라 갔을 때를 더듬었다. 직장동료가 미국으로 이민을 간다면서, 한복 몇 벌을 엄마에게 맞추었기에 나는 조금 더 아름답고 좋은 옷감을 고르고 싶어서 동대문시장 광장 포목도매점에 따라갔다. 버스에 내리자마자 엄마는 내가 쫓아갈 수 없을 정도로 종종걸음으로 바삐 걸었다. 젊은 내가 쫓아가기가 어려웠다. 포목도매점 주인들도 모두 엄마를 아는 듯 눈으로 서로 인사를 주고받았다. 아무리 빨리 쫓아가려고 애써도 엄마는 저만큼 멀리서 나를 기다렸다. 엄마가 느긋하게 걷는 모습을 보지 못했다.

엄마가 맞춤 옷감을 고를 때, "엄마! 이것이 예뻐, 이것을 가져가, 저것도." 하면서 추천했다. 엄마는 나를 믿고 내가 고른 옷감을 예외로 더 선택했다. 마음으로는 혹 저 옷감이 팔리지 않으면 어떻게 하지…. 며칠 후 모두 잘 팔렸다면서 "너와 함께 장사하면 좋겠다."고 말하셨다.

그렇게 항상 바쁜 걸음으로 다니시던 엄마가 끝없이 똑같은 자세로 누워 계시니, 혼자 계신 엄마의 시간은 얼마나 더디 흐를까.

엄마가 60대 중반의 노년에 이르면서 세상은 빠르게 변했다. 한복이 점점 사라지면서 한복 장사는 지속하기가 어려울 정도로 잘 팔리지 않았다. 그때 아버지는 위암으로 집에 혼자 계셨고, 엄마 혼자서 가게를 운영하셨다. 나만 결혼해서 아이를 낳아 기르며 직장 다니느라고 아버지를 잘 보살피지 못했다.

아버지가 위암으로 고통에서 헤매고 있을 때, 겨우 일요일에야 3살 된 아들을 데리고 좋아하시던 음식을 가지고 갔다. 점점 고통이 심해질 텐데 어떻게 해야 하나 걱정됐다. 암 말기의 고통은 진통제가 없으면 힘들다는데 진통제 값이 많이 들어간다고 해서 나는 아버지의 고통을 덜어줄 수 있는 진통제 값을 준비하는데 신경을 기울였다.

아버지의 고향 충청도 합덕에서 아버지가 편찮으신 것을 어찌 알고 먼 친척 아저씨가 왔다. 하룻밤 머물고 떠나려 하자, 내가 곧 떠나는 마지막 길을 보고 가라는 아버지의 간곡한 말씀에 친척 아저씨가 더 머물렀다. 아버지의 말씀대로 아버지는 우리 오남매와 먼 친척 아저씨가 보는 가운데 운명하셨다. 아버지는 떠나시면서 우리들에게 두 가지 유언을 남기셨다. '하나님을 믿어라'와 '형제간에 우애를 다지며 살라'였다. 3대 독자로 평생 외롭게 살아오신 뜻이 유언에 담겼음을 알았다. 그렇게 아버지는 외롭지 않게 우리 집 안방에서 평안하게 떠나셨다. 그런데 엄마는 요양원에서 홀로 외롭게 시간을 보내고 있다.

아버지가 떠나시고 얼마 안 되어서 큰동생이 은행에 취직되었다. 직장에 다니는 큰동생도 엄마의 고생을 안타깝게 여겼던지 이제는 한복장사를 그만두시라고 했다. 나는 참으로 고마웠다. 거기에 몇 년 전부터 사귀던 처녀가 있어서 결혼하겠다고 말했던 모양이다. 아버지가 위암으로 집에 계실 때, 그 처녀(J)가 가끔 집에 오는 것을 보시고 엄마에게 '나 죽더라도 J와는 절대로 결혼시키지 말라.'고 당부하셨다며 내 의사를 물었다. 나도 아버지가 반대하는 결혼을 했다. 엄마의 친구가 중매한 사람은 부모가 남대문에 빌딩을 가진 부자였다. 하지만 장사하는 사람과 결혼하지 않기로 작정했던 터이라 그냥 따르기가 싫었다. 그런 나에게 아버지가 부모의 말을 듣지 않을 거면 집을 나가라고 혼내셔서 외삼촌 집에서 지낸 적이 있었다. 그토록 반대하는 아버지 때문에 고민했을 때, 엄마는 네가 택한 사람을 아버지처럼 반대하는 것이 옳은지 잘 모르겠다면서 나를 응원해주었다. 그렇게 반대한 결혼을 했기 때문에 동생의 결혼을 반대할 수가 없어서 묵묵히 듣기만 했었다.

큰동생은 결혼을 하려니 가게 달린 집은 방이 적어서, 그 집을 팔아 은평구에 있는 큰집으로 이사를 했다. 그 집도 한 모퉁이에 가게를 차릴 수 있는 공간이 있었다. 그곳에 잡화상을 차리고 엄마는 아침부터 또다시 가게를 운영했다. 아무래도 은행 월급으로 세 동생을 포함하여 여러 식구가 살기 어려워서 부득이 가게를 엄마에게 맡겼던 것 같다.

손님은 주로 어린이었는데 어느 날 엄마가 내게 하소연했다. 아이들에게 과자나 아이스크림을 파느라고 백번 앉았다가 일어나도 한복 한 벌을 피는 것보다 이익이 없다고 푸념했다. 더구나 갓 결혼한 며느리는 아침 일찍부터 가게에서 물건을 파는 시어머니 아침밥을 챙기지 않았다. 아침밥을 먹을 수 있게 가게를 보아주어야하는데 전혀 모른 채, 제방에 누워있다고 엄마는 분통을 터트리며 하소연했다. 아버지의 말씀이 맞구나! 나는 이때 처음으로 엄마의 형편을 은행에 있는 큰동생에게 전화로 알렸다.

시간이 흐르면서 동생들이 잇달아 결혼하고, 큰여동생이 결혼하고 아이를 낳으면서 엄마는 그곳으로 가셨다. 직장에 다니는 큰여동생을 위하여 두 손자를 길러 주시며 교회 생활에 전념하셨다. 딸네 집에서 지내시는 게 어떤지 나도 묻지도 않았고, 엄마도 내게 걱정을 끼치지 않으려고 어려운 점을 이야기하지 않으셔서 엄마의 심정을 몰랐다. 매달 한 번씩 과일과 용돈을 드리면서, 내가 할 도리를 다하고 있다고 자부했다. 그때도 사위와 함께 사는 것이 어떤지 엄마의 마음을 헤아리려고 애쓰지 않았다. 한 달에 한번이라도 엄마를 뵈러 그곳까지 꼭 찾아가는 것이 최선이라 여겼다.

명절이나 엄마의 생일이면 다섯 남매가 모여 함께 식사를 한 후, 이런 저런 이야기를 했는데, 큰여동생이 불현듯 엄마에게 시비를 걸은 적이 있었다. 엄마와 함께 살면서 예배를 드린 적이 있었는데, "엄마는 언니와 큰오빠를 위한 기도만 많이 하고 나와 막내를 위한 기도는 조금하셔."라고 불만을 터트렸다.

그럴 때면 어떻게 대답을 해야 할지 몰라 가만히 있을 수밖에 없었다. 엄마가 여동생과 함께 살면서 가족예배를 드릴 때면 큰 자식에 중점을 두고 기도를 하였던 모양이다. 나는 그 기도를 받았음에도 크게 감사하는 마음이 우러나오지 않았다. 기도대로 되지 않고 내가 현실적으로 노력한 만큼 삶이 결정된다고 믿었기 때문이다. 그렇다고 엄마에게 "저보다는 작은딸을 위하여 많은 기도를 하세요."라고 부탁할 수도 없었다. 동생의 불평에 아무런 대답도, 고마움도 표현하지 않았을 때 엄마는 혹 섭섭하지 않았을까. 그만큼 엄마는 첫 자식인 나에게 제일 많이 공을 들였나 보다. 그런 엄마의 기도 덕분에 오늘의 내 자리에 있게 되었다는 생각은 시간이 훨씬 지난 후에 들었다.

신앙생활을 하지만 기복신앙에 의거하지 않는다. 현실에 살면서 하나님을 닮아가려고 노력하며, 죄를 짓지 않고 살려고 애쓴다. 그렇게 하루생활이 무사히 끝나면, 하나님께 감사가 절로 우러나면서 내 마음이 평안해진다.

매일 성경말씀을 읽고 찬송하며 기도하는 묵상으로 하루의 일과를 시작한다. 그런 생활을 하면서 하루의 일과를 순서대로 처리한다. 혹 급한 일로 아침에 묵상을 못한 날은 왠지 허전하다. 예기치 않은 일이 발생했을 때, 쉽게 처리되면 내 노력이 아니요 하나님이 주신 은혜로 감사가 절로 나온다. 엄마는 그런 체험을 많이 하셨기에 우리에게 신앙생활을 하면 즐겁다고 권유하시면서, 사위가 하나님을 믿지 않는 것을 걱정하셨다.

엄마는 신앙의 힘으로 삶을 지탱하셨는데, 지금은 누워 있으니 마음으로만 기도를 하실 것 같다. 언제나 "우리는 그리스도가 죽었다가 살아나서 영원히 사는 천국으로 가심을 따라서 천국을 바라보고 잘 살아야해." 또는 "우리 믿는 사람들은 천국이 있으니 잘 살아야해." 하는 말씀을 자주 하셨다. 지금을 잘 살아야한다고 깨우쳐 주셨던 엄마가 말씀이 없다.

### 꽃은 피고 지는데

돈암동 요양원에 온 지 3년이 다 되어갔다. 봄이 온다 해도 젊었을 때처럼 마음은 설레지는 않지만, 개나리와 진달래가 활짝 피면 저절로 내 마음도 즐거워진다. 신문이나 텔레비전에서는 벚꽃이 남쪽 어디에서부터 올라오고 있으며 서울은 언제쯤이면 절정에 달한다고 아우성이다. 봄을 대표하는 벚꽃을 보러 엄마와 함께 나서기로 했다.

몇 달 동안 침대에서 보내신 엄마에게 오늘 벚꽃을 보여드리자는 메시지를 작은동생에게 받았다. 하지만 그 전날부터 무릎이 더 아파져서 따라갈 수 있을지 걱정이 앞섰다. 요양원에 도착하니 동생은 엄마를 위한 선글라스와 모자를 가져왔다.

요양보호사에게 미리 부탁해서 옷도 일상복으로 갈아입혔

다. 휠체어에 태운 엄마를 동생이 끌고, 나는 간식과 물을 가지고 뒤따라갔다. 벚꽃이 어디에 있느냐고 물으니 작은동생은 성북천인 데, 정릉 골짜기에서 내려오는 물을 청계천처럼 만든 곳이라고 했다.

어느 소설에서인가 읽었던 성북천이다. 박완서의 소설 『그 남자네 집』이 있는 곳인 것 같다. 잠시 엄마를 잊고, 박완서의 비밀이 숨겨진 곳인 것 같아 힘이 났다. 자동차 도로를 몇 번 건너고, 오르고 내리는 길이라 예상했던 것보다 힘들었다. 햇빛이 사정없이 머리 위에 내려 쏟아졌다. 나도 모르게 따라가기가 숨이 찼다. 동생이 엄마를 이끌고 나는 빈손으로 가는데도 힘이 들었다. 그래도 말을 못하고 부지런히 쫓아가려고 최선의 힘을 다해도 자꾸 뒤처졌다. 역시 나이 탓이구나! 늙어보지 않으면 어찌 알겠는가. 엄마는 70대 중반을 어떻게 지내셨는지. 전혀 기억이 나지 않는다.

큰길에서 성북천으로 내려갔다. 냇물 양쪽에 벚꽃이 활짝 피어서 우리를 반겼다. 맞은편에 있는 벚꽃을 보라고 엄마에게 말했다. 잠시 선글라스를 벗기고, 손으로 벚꽃을 가리켰다. 예상만큼 벚꽃에 관심이 없는지 머리를 자꾸 숙이셨다. 저렇게 활짝 핀 벚꽃을 내년에도 볼 수 있을지. 착잡했다. 몸이 편해야 꽃도 눈에 들어오는 모양이다. 이번에는 개울물

소리를 들어보시라고 했다. 엄마가 황해도에서 살던 어린 시절을 회고할 때면 갯물에서 목욕하고 헤엄쳤다는 말을 기억하면서 "엄마! 개울물 흐르는 소리가 들려?" 하고 말했다. 그래도 귀가 밝으셔서 물소리는 반기셨다. 여름이면 계곡에 있는 물가를 그리워 하셨다. 계곡물에 발을 담그고 싶다고 하셨는데 그때는 지나가는 말로 여겼던 게 이제야 생각난다.

벚꽃을 반기시지 않는 바람에 나도 기운을 잃었다. 돌아가는 길은 골반까지 아파서 걸어지지 않았다. 휠체어를 혼자 끄는 동생에게 미안해서 빨리 좇아가려고 해도 쉽지 않았다. 작은동생이 내년에 벚꽃을 보고 오월쯤에 떠나시면 좋겠다는 말을 했다. 나는 빙긋이 웃기만 했다.

햇빛이 밝고 좋은 날은 동생과 함께 엄마를 휠체어에 태우고 근방에 있는 정덕초등학교 운동장에 가서 햇볕을 쬐면서 운동장을 돌았다. 운동장에서 공을 던지며 노는 아이들을 보면 힘을 얻지 않을까. 가장자리의 큰 나무를 가리키며 잘 뻗어서 그늘이 많다고 하고, 화단에 핀 꽃 가운데 옛날에 흔히 보았던 맨드라미, 분꽃, 채송화 등을 가리키며 보여 드렸다.

순애원에 계셨던 시간을 합하면 4년째로 접어들고 있었다. 엄마의 고통이 끝나는 날은 언제일까? 시시때때로 엄마로부터 해방되고 싶은 날도 있다. 그런 엄마를 보면서 죽음이 이렇게 어려울까. 수명은 늘어나, 육체적으로 병이 없어서 아픈 곳은 없지만, 1년 아니 삼년이라는 세월을 누워서 지내는 것도 고행이라 여겨졌다. 정말로 엄마처럼 살고 싶지 않았다. 오직 하나님만 의지하고 세상의 욕심과 거짓을 떠나 맑게 살아온 엄마에게 왜 하나님은 이런 긴 고통을 주신 것일까. 친한 C권사님께 하나님을 원망했을 때, "기도를 많이 하신 분을 하나님은 결코 그대로 버리지 않아요."라고 위로해 주었다.

엄마도 오랜 침대생활에 지치셨나 보다.

처음으로 '죽기가 이렇게 어려워!'라고 하셔서 엄마도 회복을 기대하시지 않는구나! 생각했고, 가실 때가 된 것 같다고 여겼다. 생명은 오직 하나님만 주관하심을 믿어야 했다. 내 힘으로는 아무것도 할 수 없다고 체념하며 마음을 다독거렸다. 한편으로는 요양원에 오래 머물며 비용의 일부를 국가의 도움에 의지하는 것도 미안했다. 삶의 끝자락에서 나는 엄마를 보며 내 죽음을 걱정했다.

### 엄마에게 묻다

어느 한가한 날, 살면서 가장 고생스러웠던 때가 언제였냐고 엄마에게 물었다. 당연히 길에서 내복장사를 할 때라고 생각했는데 예상이 빗나갔다. 의아하게도 '6·25전쟁 때'라고 하셨다. 전쟁 중에 남편이나 아들이 나가서 죽은 사람들, 혹은 행방불명된 남편을 기약 없이 기다리는 사람이 많았는데 다행히도 우리 집엔 그런 고통은 없었다. 이해가 되지 않아 그렇게 고생했던 일이 무엇이냐고 물었다.

1·4후퇴 때 큰외삼촌 가족과 작은외삼촌 가족이 함께 대전으로 피난을 갔었다. 대가족이라 먹을 양식이 많이 필요한데 쌀을 구할 돈도 없고, 가지고 간 재봉틀을 팔아 쌀을 사도 며칠 먹으니 동이 났다. 그래서 엄마가 가지고 있던 옷감을 가지고 아버지의 고향 충청남도 합덕으로 쌀과 바꾸러 갔을 때였단다. 추운 날씨를 무릅쓰고 젖먹이 둘째 아들을 등에 업고, 옷감을 머리에 이고, 외사촌 언니와 동행했는데 대전에서 온양을 거쳐 예산을 지나 합덕까지 걸었단다.

오랜 세월이 지난 지금까지도 생각나는 것은 사람이라고는 아무도 찾아볼 수 없는 하얀 눈길을 한없이 걸었을 때였단다. 그래도 조카딸과 함께 가느라고 힘들다는 말도 못하고 100리 길을 며칠 동안 걸었단다. 먼 친척이 그곳에 있어서 며칠 묵으며 장날에 옷감을 쌀로 바꾸고, 쌀의 일부를 팔아 돈을 마련했다. 돌아올 때도 역시 등에는 젖먹이 아들을 업고, 머리에는 쌀을 이고 엄동설한에 걸어서 오느라고 죽을힘을 다했다면서 그때가 가장 힘들었다고 말씀하셨다. 그냥 아버지의 고향으로 가서 옷감과 쌀을 바꾸어 왔다는 말을 들었을 뿐이었는데, 추운 겨울에 며칠에 걸쳐 걸어갔다가 걸어왔다는 말을 이제야 들었다.

엄마는 평생 주부만으로 산 적이 없었다. 그래서 나와 엄마는 한가하게 이야기를 나누지 못했다. 항상 그날 닥친 일을 처리하기에 바빠서 옛이야기를 나눌 기회를 갖지 못했다. 엄마의 삶에서 6·25전쟁 때 겪으신 일이 가장 힘든 것이었다는 사실에 우리 가족도 전쟁과 무관하지 않았음을 알게 되었다.

어떤 날은 무슨 말로 엄마에게 기쁨을 드릴지 막막했다. 한참 궁리하다가 엉뚱한 말을 걸었다. "엄마 건강이 회복되면 무엇을 가장 하고 싶어?" 그랬더니 얼굴에 웃음이 환하게 번지면서, "바느질." 하셨다. 나는 깜짝 놀랐다. 오랜 세월 재봉틀 혹은 손으로 바느질을 많이 하셨다. 옷이 몸에 맞지 않는다고 투정하는 손님의 옷을 줄여주거나 늘여주는 등 주로 수선하는 일이었다. 나로서는 지겹도록 싫은 일이라고 생각했는데, 엄마는 금방이라도 바느질을 하고 싶은 표정이었다. 그러고 보니 엄마가 처녀 때 수를 놓은 풍경화와 베개 마구리, 방석 등을 보면 지금 보아도 예술작품이다. 추정컨대 천성적으로 바느질을 좋아하셨나 보다.

평생 자식들을 먹여 살리기 위해 했던 바느질, 재봉틀을 돌리고 한복 저고리의 동정도 달아 달라는 사람들의 요구에 맞추는 일은 신나거나 흥미를 끌만한 일은 아니라고 생각했었는데….

오늘에야 엄마에게도 좋아하는 일이 있었음을 알게 되었거니와 의외로 그 힘든 일을 좋아하는 일로 간직하고 계셨다는 것이 신기하고 존경스러웠다. 살아오면서 직장생활에 만족하는 사람을 거의 보지 못했기 때문이다. 내가 근무하던 학교에서도 정말로 가르치는 일을 좋아하는 사람을 만나지 못했다. 나도 그들 중의 한 사람이었다.

엄마가 수를 놓는 일부터 한복을 짓는 일 등 바느질을 좋아하셨음을 알게 되고 다시 한 번 후회가 되었다. 왜 그동안 엄마의 취향을 알려고도 하지 않았던가. 엄마는 오로지 하나님을 믿는 일에만 취해 있다고 여겼다. 무슨 일이든지 하나님의 말씀으로 해석하셨기 때문이다. 내가 박사학위 논문으로 고통을 겪을 때도 교회에 가서 기도하라고 말씀하셨다. 나는 그때 신경질적으로 교회에 가면 하나님이 내 논문을 써주냐고 대들었다. 엄마는 미소를 지으면서, "써주지는 않지만 쉽게 할 수 있지."라고 말씀하셨다. 그 말을 그때는 이해하지 못했다. 한참 시간이 흐른 후에 그 뜻을 알았고, 엄마의 신앙의 경지가 보통이 아니었음을 깨달았다. 언제나 대충대충 살면서 한 가지 일에 몰두하지 못했기에 깊은 경지에 도달하지 못한 내 탓이었다. 엄마의 말처럼 하나님께 진실로 갈구하면서 논문을 썼더라면 조금 더 편하게 끝냈을지 모르겠다. 예상하지 않고 무심코 던진 질문에 엄마의 취향을 알게 되어 좋았다.

### 엄마의 한

갑자기 엄마가 뜻밖의 말을 꺼냈다.

"박인선 년이 6 · 25전쟁 중에 죽었다는데…."

평생 입에 욕을 담지 않으셨던 엄마의 말에 놀라 '박인선'이 누구냐고 물었다. 젊은 시절 엄마의 자리를 위협했고 질투로 엄마를 괴롭혔던 그 여자인 줄이야. 아! 엄마도 여자였구나! 70여 년 동안 고생하며 사느라고 완전히 잊은 줄 알았는데. 시집 올 때 속았던 억울함을 지금까지도 잊지 못하고 계셨구나! 당신이 누워 계시면서 모녀 사이에 모처럼 한가한 시간이 주어지자, 맏딸인 내게 가슴에 품었던 말을 토해내셨다. 그동안 말하고 싶었던 적이 얼마나 많았을까. 막연히 아버지가 결혼 전에 동거했던 여자가 있었다는 사실을 옛날에 듣고 완전히 잊고 있었는데, 엄마는 순진했던 시절에 겪은 일을 결코 잊지 못하고 계셨구나!

어렸을 때 교회에 열심히 다녔는데, 시집와서 보니 시누이가 바로 아버지의 동거녀였고 그래서 하나님을 원망하고 신앙을 포기했었다는 말도 예전에 들었었다. 장사로 바빠서 교회를 그만 둔 줄 알았는데, 하늘이 무너지는 고통에 하나님을 버린 것이었다고 한다. 얼마나 고통이 컸으면 모태신앙을 버렸겠는가.

중학교 때 어렴풋이 들었지만 잊고 있었다. 엄마는 황해도의 농촌에서 살았는데 아버지와 결혼하면서 서울로 와서 살았단다. 외할머니는 돈독한 기독교 신앙인이셨다. 중매쟁이를 통해 외할머니께서 만난 아버지는 엄마보다 14살이나 많았지만, 얼굴이 하얗고 신학을 공부했다는 말에 외할머니가 홀딱 반해서 막내딸과 인연을 맺게 하셨다. 3대 독자인 아버지라 친척이 거의 없었고, 서울에서 여관을 운영한다고 하기에 막내딸을 농촌에서 벗어나게 하고 싶었던 외할머니의 소박한 소망도 한 몫을 한 것이 아닐까.

19살에 서울로 시집온 엄마는 늘 일에 묻혀 살았다고 한다. 여관이라 살림이 컸고, 시누이가 있어서 아버지와 식사를 겸상으로 차려 모셨다고 한다. 시골에서 막내딸로 곱게 커서 순진한 엄마는 세상 물정에 어두워서 남편의 누나로 한동안 섬겼단다. 맏딸인 나를 임신하면서 아버지와 시누이의 관계가 범상하지 않아 점점 의심에 빠지게 되었단다.

진실은 드러나게 마련이었고, 시누이는 아버지의 친누나가 아니었다. 동거녀였다는 사실에 엄마는 하늘이 무너졌단다. 나를 낳고 곧이어 아들을 낳자, 아버지는 엄마에게 더 정을 쏟기 시작했다고 한다. 그럴수록 동거녀의 질투가 심해져서, 추운 겨울에 동생인 아들과 나를 데리고 친정 오빠가 사는 중국 봉천(오늘의 심양)으로 가버렸단다. 거기에서 아들이 폐렴에 걸려 신촌 세브란스 병원으로 치료하러 왔으나 생명을 잃었단다.

아들 죽음에 아버지는 세상을 잃은 듯 방황하더니, 드디어 그 동거녀와 헤어지기로 마음을 굳혔단다. 헤어지는 대가로 여관을 팔아 반을 주고, 남은 돈으로 아현동 시장 길가에 자그마한 집을 마련하였다. 촛불을 많이 켜던 때라 그 집에서 양초공장을 했다고 한다.

### 무엇으로 기쁨을 드릴까

엄마를 보러 가는 날이면 오늘의 화제는 무엇으로 할까를 궁리했다. 날마다 그 방, 그 침대에 누워만 계시는 엄마에게 새롭고 신기한 것으로 즐거움을 드리고 싶은데….

스마트폰에 받은 아름다운 새라든지, 몸을 기이하게 움직이는 모습 등을 보여드렸다. 기기묘묘한 여러 종류의 새들, 우리나라에서는 볼 수 없는 새들을 보면서 엄마에게 보이면 좋겠다고 저장해 두었던 것이다. 먼저 물과 죽을 드린 후, 엄마가 항상 좋아하셨던 찬송가를 불러 드렸다. 익숙한 찬송가를 따라 부르는 모습이 입술로 나타났다. 그리고 기도를 하면, 끝에서 꼭 "아멘." 하셨다.

월요일을 빼고는 거의 교회에 가서 성도들과 생활하시며 봉사를 하셨다. 90세가 넘은 나이에도 토요일이면 오전에 교회에 가셔서 일요일 예배목차가 기록된 예배순서지를 접는 봉사를 하셨다. 이웃의 가난한 사람들을 교회로 이끌어 돌보셨다. 엄마에게 드리려고 정성껏 마련한 과일을 가지고 가면, 어려운 이웃에게 먼저 주셨다. 무엇이든지 먹을 만한 음식이 있으면 그렇게 하셨다.

엄마 잡수시라고 마련해 가지고 간 좋은 과일 중에 가장 먹음직한 것을 들고 나가셨다. 나는 섭섭했다. 엄마가 잡수시기를 기대하고 가지고 간 것을 먼저 다른 사람에게 주시다니 무척 서운했다. 하지만 엄마의 천성이기에 꾹꾹 참았다. 언제나 좋은 것은 이웃에게 주기를 좋아하는 엄마인데 왜 그렇게 복없이 고생하실까? 하는 의문에 친구를 따라 '이름 보는 집'에 간 적이 있었다. 엄마의 이름이 좋은데 왜 그렇게 고생하느냐고 물었더니, 엄마는 복을 남에게 퍼주는 이름이라고 했다. 그래서 엄마는 당신이 먹을 것을 남에게 주기를 좋아하였나보다. 자주 어울렸던 성도들에게도 그렇게 베풀기를 좋아하시며 즐거워하셨는데, 엄마가 계신 요양원은 너무 멀어서 친했던 성도들이 오기가 어려웠다. 엄마를 보고 싶어 하는 분들이었을 텐데….

이렇게 긴 시간을 요양원에서 지내리라고는 짐작하지 못했다. 혼자서 움직이지 못한 채 오래 계시기가 얼마나 어려울까. 잠시라도 기쁨을 드릴 수 있는 일이 뾰족하게 떠오르지 않는다.

때로는 아무 말도 없이 서로 얼굴만 바라보기가 힘겹다. 간식을 잡수시게 한 후에 찬송가를 부르고 기도를 한다. 기도가 끝나면 언제나 미소로 화답하시는 엄마의 손을 잡아보기도 하고 발을 만져도 본다. 따뜻한 체온에 맑은 살결이 물처럼 뼈를 감싸고 있다. 움직이지 않아서 근육이 모두 빠져나간 탓인지 뼈와 살갗이 밀착되어 있다. 손등 위에 비치는 핏줄이 가느다란 붉은 실 같다. 언제나 발그레한 얼굴색 때문에 이렇게 야위었다고는 생각하지 않았다.

오늘은 무슨 말로 즐거움을 드릴까 궁리하느라고 창밖을

내다보는데, 재미있는 생각이 떠올랐다. 언제인가 내게 "어멈! 성형외과에 가서 코를 좀 높여." 하는 엄마의 말에 깜짝 놀란 적이 있었다. 평생을 서로 바쁘게 살다가 요양원에서 만나 할 일이 없이 많은 시간을 보내다 보니 엄마가 내 얼굴을 찬찬히 보았나보다. 아마 코를 조금 높이면 좋겠다는 생각이 들었던 모양이다. 그 말이 신기하기도 하거니와 나도 모처럼 엄마에게 어리광부리고 싶어서 "엄마! 코 높이게 돈 좀 주세요?" 하고 말했다. 그 말에 "여태까지 선생 노릇하면서 그만한 돈도 없니?" 하고 되물었다. 엄마는 이토록 정신이 또렷했고, 또한 나를 사랑하셨다.

이후부터 나는 내 낮은 코를 자주 보게 된다. 조금만 젊었다면 엄마의 뜻에 따라 높이고 싶기도 하다. 엄마도 얼굴에 그렇게 현대적인 관심이 있고 시대조류의 변화에 부응하리라고는 예상하지 못했다. 그리고 적어도 내가 경제적으로 걱정 없이 살고 있다고 믿으셨다. 나에 대하여 근심하지 않으시는 것만도 다행으로 여겼다.

다음 날 나는 또다시 응석을 부리고 싶어 "엄마! 나 코 높이게 돈 좀 주세요?" 하고 말했다. 이 말에 "세상이 거꾸로 가도 분수가 있지, 늙은 에미에게 돈 달라는 법이 어디 있니?" 하고 큰소리로 나무랐다. 그 책망이 반가웠다. 동시에 진작 엄마에게 응석도 부려보고 살았더라면 하는 생각도 떠올랐다. 엄마와 나는 정해진 길로만 가는 성격이라 부딪치지 않았다. 엄마와 싸우고, 혼났다는 친구들의 말을 들을 때면 전혀 이해가 되지 않았다.

잔정을 나눌 기회가 없던 탓일까. 말하지 않아도 엄마의 할 일과 내가 하는 일은 정해져 있었고, 어긋나는 경우도 드물었다. 항상 평행선으로 살다보니 싸움이 없는 만큼 살가운 정도 깃들지 않았다. 그러고 보니, 학생 때 언제까지 등록금을 내야 한다고 말하면 엄마는 한 번도 미룬 적이 없었다. 학용품을 사거나 학교에서 단체로 영화를 볼 때도 별 말씀이 없으셨고, 대학에 가서 겨울 코트를 맞추어야 한다면 그때도 뒤로 미루거나 싼 것으로 하라는 잔소리를 전혀 않으셨다. 그래서 엄마에게 돈을 달라고 했던 기억이 떠오르지 않았는지 모른다.

엄마가 다시 젊은 날로 돌아갈 수 있다면, 엄마에게 돈 좀 달라고 매달리고 싶다. 그동안 한 번도 거절하지 않고 순순히 주셨던 것이 원망스럽다. 새삼스럽게 엄마와 투덜거리고 싶은 마음이 일어난다. 그러나 이제는 아무것도 할 수가 없다. 그냥 바라만 보아야한다.

## 그래도 마음은 남편

집에서 공장을 하기 때문에 엄마는 공장과 집안 일 두 가지로 눈코 뜰 새가 없이 늘 바빴다. 그때마다 아버지가 무능하기 때문이라고 생각했다. 실제로 천하 난봉꾼으로 살았던 할아버지 때문에 아버지는 교육도 받지 못했다. 특별한 기술도 없고, 지식이 없는 아버지는 무슨 일이든 혼자 일을 선택하고 해결하지 못했던 것 같다. 항상 누구와 동업으로 일을 했고, 그때마다 동업자에게 속아 손해를 보곤 했다. 그때마다 아버지는 지식이 없고 형제자매도 없이 혼자 살아서 불쌍하다고 엄마에게 어렴풋이 들었던 기억이 떠올랐다.

그렇게 사랑도 받지 못하고 홀로 살아온 아버지는 때때로 엄마에게 화풀이 했다. 술을 드시면 우리 형제들은 비상이었다. 뚜렷한 이유도 없이 엄마에게 시비를 걸었기 때문이다. 이런 날은 마음에 폭풍이 휘몰아쳤다. 그럴 때면 엄마가 나를 낳았을 때 왜 이혼을 하지 않고 언제나 참기만 하며 살았을까 하는 생각도 일어났다. 그런 아버지가 63세로 세상을 떠나셨다. 그 후로 혼자 한복 장사로 우리들을 키우시느라고 고생하셨지만, 우리들의 마음은 평안했다. 오랜 세월이 흘러 아버지는 까마득히 잊고 살았다.

늘 똑같은 자세로 누워있는 엄마가 얼마나 힘들까. 오늘은 엄마에게 좋아하는 사람이 있느냐고 물었다. 그 말에 미소를 띠면서 "우리 애인."이라고 말하셔서 깜짝 놀랐다. 엄마에게도 엉뚱한 장난기가 있나보다 생각했다. 그리고 한편으로는 가슴에 묻은 애인이 혹 있는지 궁금하기도 하고, 나는 비밀을 알아야 할 것 같은 흥분에 빠졌다. 그래서 "그럼 엄마 애인이 누구야?" 하고 물었다. 그 말에 정확히 아버지 이름을 불렀다. 나는 놀랐다. 그리고 한편으로는 부풀었던 기운이 빠져 나갔다. 엄마를 그토록 고생시킨 아버지를 그리워하다니!

내 마음을 추스르고 지난 과거를 돌이켜 보았다. 그동안 매우 힘들게 사는 동안 남편만큼 엄마를 도와주고 사랑했던 자식이 있던가. 그토록 어렵게 사는 동안에도 엄마를 가장 아꼈던 사람은 역시 아버지였다. 완전히 잊고 살았던 아버지, 함께 산 것은 30년이고, 혼자 사신 것은 48년이었다. 나는 잊고 살았는데, 엄마는 어려울 때마다 아버지를 생각했던가 보다.

"너의 아버지는 참 착한 사람이야, 배우지 못하고 형제자매 없이 삼대독자로 살아서 의지할 친척도 없이 외롭게 살았어! 융통성이 없고 어떤 일이 발생하면 처리할 수 있는 능력이 없었어. 그래서 늘 다른 사람에게 이용당하곤 했지."

매일 아침 작은동생이 회사에 출근하듯이 엄마를 뵈러 갔다. 작은동생 집이 가까운 곳이라 하루도 빠짐없이 똑같은 시간에 가뵈니 엄마는 마음이 안정되었다. 요양원에서도 매일 오는 사람은 없다고 했다. 잘해야 한 달에 한번 온다고 했다. 요양보호사들이 엄마에게 복이라면서 엄마의 마음을 위로했다.

동생 덕에 나는 집이 멀고 나이가 많다는 구실로 일주일에 한번 갔다. 여러 가지 이야기로 즐겁게 하려고 애를 쓰지만, 그 방, 그 침대에 누워있는 엄마에게 큰 도움은 되지 않았다. 스마트폰에 아름다운 새, 미녀가 춤추는 모습을 보여드려도 시큰둥하다. 제일 즐거워하시는 것은 동생의 손자인 증손자가 짜장면을 먹는 모습이라든가, 이리저리 뛰면서 재롱떠는 모습을 볼 때였다. 역시 노인에게는 어린이가 기쁨조에 해당되는구나!

매일 찾아뵙지 못하는 죄송함에 눌려서 무엇이 엄마를 위한 길인지 아무리 고민해도 좋은 아이디어가 떠오르지 않았다. 준비한 따뜻한 호박죽을 드리자, 따뜻해서 좋다며 잘 드셨다. "조금 전에는 추웠는데, 따뜻한 음식을 먹으니 참 좋아." 하셨다. 그리고 조금 후에 갑자기 "죽기가 이렇게 어려워."라고 하셔서 당황했다. 생명에 관한 말은 함부로 말하시지 않던 분이었는데. 엄마도 죽음을 생각하고 계셨구나!

어떤 날은 환자끼리 싸우기도 하고, 우리 방으로 와서 말을 거는 분도 있었다. 때때로 엄마의 아버지와 어머니 이름을 묻기도 했다. 그럴 때면 초등학교 일학년생처럼 똑똑하게 대답했다. 어떤 때는 자존심이 상하는지 큰소리로 말씀하셨다.

오랜 시간을 함께하면서 나도 엄마의 마음을 상하게 할 만큼 잘못한 것이 많은 것 같은데 왠지 선명하게 떠오르지 않는다. 차라리 엄마에게 내가 잘못했던 것을 구체적으로 들을 수 있었으면 좋겠다. 그 잘못에 대하여 용서를 구하고 싶기 때문이다. 그래야 내 남은 삶도 평안하게 지낼 수 있지 않을까. 이제나 저제나 나로 인해 섭섭했던 것도 말씀해 주시고, 혹 언제 세상을 떠나실지 모르니 유언이라도 해주었으면….

어느 날 홀연히 떠나시기라도 하면, 엄마가 무엇을 원했으며, 섭섭했었던 일은 무엇인가? 말씀해 주셨으면 좋겠는데 전혀 기미가 보이지 않는다. 독방에 홀로 계시면서 과거로부터 현재까지. 그리고 옛날 어린 시절부터 지금까지 살아오신 역사를 생각하실 텐데, 아무 말씀이 없으시다.

드디어 어느 날 "에미에게 할 말이 있는데 해도 괜찮아?" 하고 묻기에 나는 유언인가보다 반가워서 "그럼요, 말씀하세요."라고 대답하고는 긴장된 마음으로 기다렸다. 그런데 엉뚱한 질문을 하셨다. 큰아들과 큰며느리가 총각과 처녀로 결혼했느냐는 것이었다. 당신의 뜻으로 결혼시킨 큰아들과 며느리를 왜 갑자기 의심을 하셨을까.

큰동생과 큰올케가 연애했던 몇 년 동안의 과정을 자세히 설명했으나 엄마는 아니라고 부인하면서, 큰며느리가 시집올 때 자식 셋을 데리고 와서 당신의 맏아들이 너무 고생하고 있단다. 이렇게 뜻밖의 문제에 부딪히고 보니 엄마를 어떻게 이해시키고 편안하게 해드려야 할지 번민하게 되었다. 왜 그런 생뚱맞은 생각을 하셨을까. 평생을 다른 사람에 대한 원망 없이 살아오신 분이 어찌 그런 생각을 하셨을까. 도무지 이해가 되지 않았다.

기다리던 유언은 나오지 않았다. 엄마 집으로 찾아가면 자주 하고 싶었던 말씀을 다 잊으셨나. 그때 들었어야했는데…. 냄비를 닦는다든지, 유리창 닦기, 때로는 목욕을 해드리는데 온통 정신을 기울였다. 그때 들었더라면 엄마가 원하는 것을 알 수 있었을까. 지금은 듣고 싶은데 말이 전혀 없으시다.

누구나 삶의 끝자락에서 유언을 하는 사람이 거의 없는가보다. 텔레비전이나 영화에서 가족에게 유언과 동시에 머리를 툭 떨어뜨리는 장면으로 임종을 나타냈기에 으레 누구나 죽기 직전에 유언을 할 것으로 생각했었다. 엄마에게 유언을 듣지 못한 것은 내 잘못으로 판단했다.

1천 명의 죽음을 지켜본 호스피스 전문의 오츠 슈이치는 그의 저서 『죽을 때 후회하는 스물다섯가지』에서 "임종이 가까워졌을 때 대화를 나눌 수 있는 사람은 극히 드물다.(53쪽)"라고 말하면서, 결론으로 "건강할 때 내일 죽을 것처럼 열심히 살아라.(238쪽)"라고 언급했다. 중앙일보(2018년 10월 31일) 「서소문 포름」에서도 호스피스 병동에서 마주친 생의 마지막은 "죽음도 살았을 때, 의식을 놓기 전부터 미리미리 준비해야한다고 한다. … 임종직전까지 의식을 잃지 않고 유언까지 마치는 죽음은 거의 없으니 준비는 필요한 것이다."라는 말은 의외였다. 나는 대부분 죽기 직전에 유언을 한다고 생각했었다. 그래서 남모르게 엄마의 유언을 듣고 싶어 마음으로 안달했다.

오늘 아침 예배에서 목사님이 '본받는 자'가 되라는 주제로 말씀하셨다. 사도 바울이 '고난 가운데 사는 것이 그리스도면 죽는 것도 그리스도'라며 그리스도에 목표를 두고 사는 자신에 만족하여 '나를 본 받으라'고 말씀하셨다.

이 말씀을 듣는 순간, 진정 '본받을 자'는 나의 엄마라는 생각에 눈물이 왈칵 솟구쳤다. 그동안 우리 엄마도 그저 세상의 엄마들과 같다고 무심하게 생각했었다. 그러나 엄마는 분명 다른 점이 있었다. 엄마가 장사를 하며 우리들을 키우고 가르치느라 힘이 드셨을 텐데도 한 번도 짜증을 내거나 생색을 내신 적이 없었다.

언제, 어떤 환경에서도 엄마는 항상 정직했다. 장사를 하면서도 하늘나라를 믿고 물건을 속이거나 터무니없는 이익을 취하지 않았다. 우리들에게도 남에 대해 험담한 적이 없고 언제나 가게에 와서 묻는 자에게 항상 웃음으로 대답하는 엄마였다. 그런 성품 때문에 단골손님이 많았고, 단순한 손님이 아니라 속마음을 나누는 친구 같은 분들이 있었다. 물건을 사지 않으면서도 심심풀이로 와서 이야기하던 그분들의 얼굴이 내게도 익숙할 만큼 친한 친구가 된 분들도 많았다. 엄마의 그런 성품 덕에 장사는 그런대로 지속할 수 있었고, 그런 분들과의 이야기가 삶의 윤활유 역할을 하지 않았을까. 하지만 우리 엄마의 장사는 행운처럼 잘된 날이 별로 기억되지 않았다.

몇 십 년 장사를 하면서 아픈 날이 왜 없었겠는가. 그런데도 낮에 누워 계신 모습을 본 적이 없었다. 먹는 것도 항상 우리에게만 주셔서 엄마는 간식을 못 드시는 줄 알았다. 혹 방학 때 엄마 생각이 나서 부침개를 하거나 감자나 고구마를 쪄서 가지고 가면, 엄마는 당신보다 이웃 상점 친구들을 불러 먹이곤 하셨다.

장사와 살림으로 힘들면서도 푸념을 하지 않아 엄마는 그런 사람으로 여겼다. 아버지는 때때로 엄마에게 화풀이를 하곤 했다. 그래도 우리들 때문에 아무 말 않고 그냥 참았다.

오직 자식들을 위하여 자신의 삶은 전혀 생각하지 않으신 것 아닐까. 혹 화풀이로라도 누구의 이름을 빌려서라도 쌍욕을 절대로 내뱉지 않으셨다.

평생에 걸쳐 엄마가 쉬거나 노는 것을 보지 못했다. 농사로 어려운 생활을 하셨던 시어머니는 겨울철 농한기를 이용해서 소리와 춤을 배웠던 것 같다. 회갑잔치 날 시어미니의 멋진 춤을 보며, 농사꾼은 그래도 쉴 수 있는 겨울이 있구나 생각했다. 그러나 엄마가 서울에서 장사하던 그 시대는 일요일도 없었다.

엄마가 떠나신 후, 외사촌 언니에게 들었는데, 언제인가 배 속의 아이가 유산되면서 정신을 잃은 적이 있으셨다고 한다. 한 번도 낮에 누우신 걸 본 적이 없기에 전혀 몰랐다. 엄마가 돌아가시고 애달파하는 내게, 엄마를 고모라 부르는 외사촌 언니가 유산 이야기를 들려주며 "고모가 몹시 고생하셨지…." 했다. "하나님이 박사학위논문을 써주지는 않지만 믿으면 쉽지." 하셨는데 이제야 진리로 느껴진다. 참으로 바보로 살았구나! 초등학교 교육밖에 못 받았지만 자식들에게 신앙으로 모범을 보여주신 엄마, 실제로도 선하고 정직하게 사신 우리 엄마가 정말로 존경스럽다.

# 점점 작아지는 목소리

엄마는 말소리가 점점 작아지고, 묻는 말에 응하는 낌새도 적어진다. 거실에 있는 사람들은 텔레비전을 보고, 요양보호사들은 이 방과 저 방으로 간식을 주러 다닌다. 우리 방에는 내가 가져온 죽이 있는 것을 알고, 간식으로 찐 고구마를 나에게 준다. 고맙다고 말하자 미소로 답한다. 환자를 떠나 이따금 보호자인 내게 말을 걸기도 한다. 오랜 세월에 서로 익숙해진 결과다.

때때로 엄마를 웃게 하려는 듯 요양보호사는 농담을 걸기도 한다. "권사님 다섯 자식 중에 누가 제일 좋아요?" 그런데 엄마는 초연한 모습이다. 이미 장난인 줄 알거니와 대답할 기운이 없는지 아무 말이 없다. 오늘도 홀로 죽음의 길로 가고 계신가 보다. 오로지 하나님만 의지하며 살아온 엄마, 그런 엄마가 이렇게 오래 누워 계시니 나는 저절로 하나님을 원망하게 된다.

우리들이 드리는 생활비 가운데 일부를 『밥 짓는 시인 퍼주는 사랑』이라는 책을 쓰고, 청량리에서 무료급식을 봉사하는 최일도 목사가 운영하는 '다일공동체'에 자동이체로 헌금하고 있었다. 또한 경상도에서 올라온 가난한 사람을 아파트 경비로 취직을 시키고, 먹을 것이 생기면 그 집에 주었다. 과일이나 떡 등을 가지고 가면, 그 일부를 먼저 그 집에 가지고 갔다. 그럴 때면 자신보다 어려운 이웃을 먼저 챙기는 엄마에게 섭섭한 마음이 들기도 했다. 그런데 어려운 이웃을 먼저 생각했던 엄마가 지금은 누워계신다. 가장 친했던 P권사님을 그리워하지 않을까 해서 "엄마 P권사님 보고 싶어요?" 하고 물었다. 고개를 흔들며 거부했다. 너무 멀어서 그분들에게는 오라는 말도 하지 않는지, 보고 싶어도 기운이 없어서 포기 하는지, 그렇지 않으면 자식에게 수고를 끼치지 않기 위함인지 짐작할 수가 없었다.

이런 마음에서 기도가 나오지 않아 안타깝다. 그만큼 나는 세속적인 탓일까. 기도가 나오지 않아 엄마에게 드리는 기도문을 써서 읽어드리기로 했다.

정성껏 마련한 기도문을 읽고 나자, 엄마가 "나 이제 천국으로 가고 싶어!" 그리고 "하나님께 나를 빨리 데려가라고 기도해." 하고 말했다. 기운이 빠졌다. 기운을 내라고 기도문을 만들어 읽어드렸는데, 데려가라니…. 평상시에 우리들에게 "우리 믿는 사람들은 천국이 있어서 잘 살아야해."라며 현재인 지금을 하나님의 말씀에 따라 살기를 원하셨다. 미래에 천국이 있으니, 현재를 하나님의 말씀대로 정직하게 살라고 하셨다. 그때 천국은 어떤 모습인가를 묻지 않았다. 이제 묻고 싶은데 말할 수 있는 기운이 없으시다. 그때나 지금이나 천국은 현재의 삶을 올바른 길로 인도하고, 미래를 향한 위로일 뿐이라며 무심히 흘려버렸다. 떠날 시기가 가까워 오는데 천국에 대한 말씀이 없으시더니, 오늘 천국을 말씀하셨다. 그런데도 '엄마는 꼭 천국에 가실 거예요'라는 확신으로 위로하지 못했다. 왠지 천국이라면 곧 죽음이 가까웠다고 생각할 것 같았기 때문이다.

몇 년째, 그 방 그 침대에서 보내시느라 얼마나 힘들까. 더 아프다거나 열이 나거나 하는 변화가 없이 누워있는 엄마를 그냥 바라다보기만 한다. 나도 모르게 '언제쯤 떠나실까'에 대하여 생각하다가 '아니'라고 머리를 흔든다. 발그레한 얼굴빛, 눈에서 나오는 강열한 빛이 한없이 그대로 지속되리라는 징조로 보였다.

아마 찾아오는 자식들을 위하여 빨리 떠나야 한다고 생각하신 것 같다. 그러던 어느 날 물으셨다. 이 요양원 비용을 감당하느라고 얼마나 고생이 많으냐고 물었다. "걱정하지 마세요. 우리나라가 좋아져서 국가에서 반 이상 부담을 하고, 나머지는 두 동생과 나 셋이서 나누어 담당하니 걱정이 될 정도가 아니에요."라는 대답에 마음을 놓으시는 것 같았다. 특히 둘째 사위가 아파서, 딸이 직장생활과 가정살림 모두를 담당하는 처지가 당신팔자 같다며 애달프게 여겼다. 두 여동생의 부담을 덜어준 것을 좋아하시는 듯, 한숨을 내쉬며 미소를 띠었다.

서울대학병원에서 '좋은 죽음'의 조건을 말기암환자 가족에게 물었는데, 가족이나 타인에게 부담주지 않는 것이라는 응답이 가장 많았다고 한다. 이것은 아직도 서구 사회에 비해서 우리 사회가 가족과의 관계를 먼저 생각한다는 뜻이다.(동아일보 2018년 10월 11일자)

사람들은 오복 중에서 제 명대로 살다가 편안히 죽는 '고종명(考終命)'을 가장 큰 복으로 여겼다. 누구나 원하는 길이지만, 생명을 원하는 방향으로 조절할 수 있는가. 아침에 깨우러 침대로 갔더니 떠나셨다는 말을 들으면 부러웠다. 죽음자체보다 오랫동안 아플까봐 그것이 걱정이었다. 실제로 고등학교 동기이며 등산모임을 이끌었던 친구가 파킨스 병으로 15년을 넘게 누워서 지내는가하면, 약국을 경영하던 똑똑한 친구가 치매로 무아의 경지에 들어 있다.

병으로 침대에서 오래 지내는 친구들을 보면, 남편이나 자식들의 삶을 얼마나 황폐하게 하는지. 누구도 마음대로 할 수 없고, 오직 하느님만이 주관하는 삶이기에 기다리는 수밖에 없음이 안타깝다. 누구에게도 폐를 주지 않고 떠날 수 있으면 하는 것이 소망이다.

그동안 엄마는 어떤 소망을 품었었는지 모른다. 오래 누워 계시면서 지겹다거나 죽고 싶다거나 말씀을 함부로 하시지 않았다. 점점 야위어가는 몸과 숨소리 그리고 찬송가를 얼마큼 따라하는가로만 엄마의 상태를 짐작하곤 했다. 떠나실 때는 왠지 귀한 말씀을 남기실 것으로 기대했다.

요즘에는 말씀이 부쩍 없으시다. 좋은 성경말씀을 골라 읽어 드린 후 "엄마의 기도로 제가 잘 살고 있음을 깨달아요. 이제는 제가 엄마를 위해 기도하며 보살펴야 하는데, 아직도 깊이 뿌리박지 못한 갓 심은 나무 같아서 기도를 잘 하지 못해요. 그러나 엄마를 사랑하는 마음으로 기도할게요. 믿음의 어머니로서 삶을 마감할 수 있도록 끝까지 엄마의 손을 붙잡아 주소서."라고 내 기도를 덧붙였다.

찬송가를 부르면, 엄마는 입을 달싹거린다. 살아계신다고 마음을 놓는다. 이래도 저래도 끝이 보이지 않으면, "이 세상 끝날 때까지 우리 어머니를 붙잡아 주소서." 하고 기도를 한다. 그러고 나면 마음이 다소 평온해진다. 그렇게 아쉬울 때만 하나님께 매달린다.

어떤 날은 찬송가를 듣는지 못 듣는지 모를 정도로 잠잠하다. 눈을 감고 계시는 엄마가 찬송가를 듣는지 의심하면서 계속 부른다. 어느 순간 엄마의 눈가에서 눈물이 주르르 흐른다. 그 순간 나도 눈물이 나온다. 찬송가를 함께 부르셨다는 신호를 눈물로 보낸 것이다. 점점 야위어 가는 몸은 덮고 있는 이불에 가려 보이지 않았고, 엄마의 발그레한 얼굴빛으로는 죽음이 오고 있다고 짐작하지 못했다.

찬송가를 따라하지도 못하고 '아멘'이라는 말도 못하면 이제는 눈을 감고 하나님께 가시는 것이 낫지 않을까 생각하다가 곧바로 무섭고 두려웠다. 이제 떠나시면 영영 보지 못하는 엄마를 오래 붙잡아야 한다. 그래야 후회를 하지 않는다.

시간이 흐를수록 점점 말씀이 없어지면서 불안하다. 그럴 때면 하나님께 간구한다. "열어주소서, 어머님의 눈을 열어주소서, 어머니를 주님 앞에서 멀리하지 마시고, 성령을 거두지 마옵소서. 구원의 기쁨 회복시키어, 천국을 향하여 기쁨으로 다가가게 하소서."

어떤 날 막대사탕을 입에 넣어 드리고 나도 똑같은 사탕을 입에 물었다. 나는 일부러 천천히 빨아 먹었다. 그런데 엄마의 사탕은 그대로 있다. 그제야 사탕이 절로 녹는 것이 아니라는 사실을 엄마를 통하여 알았다. 그런데도 엄마가 떠날 날이 다가오고 있는 것이라는 사실을 몰랐다.

오늘도 엄마의 방에 들어서자, 따뜻한 죽을 넣은 보온병을 가방에서 꺼내 놓고, 과일을 넣은 그릇은 냉장고에 두었다. 그래도 엄마는 깊이 잠들었는지 눈을 뜨지 않는다. 평상시보다 유난히 곱게 감은 눈, 평온한 모습이 혹시 떠나신 것이 아닌가하는 의구심에 숨을 쉬는지 코에 손을 가까이 하고 확인한다. 또 가슴에 귀를 대고 심장이 뛰는지 확인한다. 이불을 걷고 다리와 발을 만져본다. 너무 마른 다리와 발, 맑은 살갗으로 덮인 뼈가 하얗다. 살이라고는 조금도 없는 뼈와 살갗에 불그레한 핏줄이 보인다. 순간 미라 같다는 생각이 떠오른다. 조용히 움직이는 심장이 내 귀를 자극한다. 그래서 엄마! 하고 깨운다. 아무리 흔들어도 전혀 반응이 없다. 어떻게 이토록 곱게 눈을 감고 깊게 주무시는가.

리사 고이치는 "투석을 끝냈다."고 여든다섯에 본인 뜻대로 인생을 마감하기로 결정한 엄마를 14일 동안 돌보면서 『엄마와 보내는 마지막 14일』이라는 책을 썼다.

엄마는 거실 중앙에 놓인 침대에 누워 마치 여왕처럼 위문하러 온 사람들을 맞이한다. 저자는 '참으로 부러워할 만한 퇴장길이었다.'고 한다. 뿐만 아니라 14일 동안 엄마를 찾아온 사람들에게 저마다 선물을 하나씩 안고 돌아가게 했다. 5일째 되는 날 엄마는 온가족을 전부 다 불러 모은 가운데 관에 들어갈 때 뭘 입을지 생각하라고 말한다. 사위 미치가 보낸 추도문 "지금은 비록 힘든 마지막 날들을 보내고 있겠지만 나는 당신이 어디로 가게 될지 전혀 의심하지 않습니다. 당신에게는 천국의 1등급자리가 예약되어 있으니까요…."를 듣고 엄마의 눈에 눈물이 그렁그렁 맺혔다.

저자가 엄마의 머리를 감기고 샴푸를 풀어 마사지를 하는데 엄마는 지그시 눈을 감고 미소 띤 얼굴로 손가락 끝의 움직임에 눈썹을 움찔거리며 말했다. "왜 이 마사지를 받는데 85년이나 기다렸을까?"(236쪽)

14일 동안 저자와 가족 모두가 후회가 되지 않을 정도로 엄마를 정성스럽게 돌보고 보냈다는 것이 부러웠다. 이렇게 14일이라는 정해진 날을 안다면, 그날까지 최선을 다하여 준비하겠지만 언제, 어떻게 떠날지 모르는 상황에 나는 처해있다. 14일 후면 떠나는 엄마에게 최선을 다하는 딸의 이야기를 읽으면서도 나는 그런 이별은 상상도 하지 못했다. 오직 신앙에만 의지하고 살아온 엄마에게 왜 '엄마는 분명 천국에 가실거에요.'라는 말조차 못했는지…. 왜 나는 엄마에게 머리 마사지를 해드릴 생각도 하지 못했을까.

가지고 갔던 죽을 처음으로 그냥 집에 가지고 왔다. 집으로 오는 길에서도 엄마의 모습이 잊히지 않는다. 누구엔가 말하고 싶었다. 그 고운 모습이 하도 신기해서 늘 가까이 지내는 C권사님께 이야기했다. 평상시보다 유별나게 곱게 주무시는 엄마의 상태를 이야기했다. 그 말을 듣고 권사님은 "그것이 바로 죽는 연습이에요."라고 말한다. 아! 죽음에도 연습이 있나. 처음 듣는 말이다.

어떤 수필가는 남편이 매일 잠만 자는 모습을 꽃잠이라고 했다. 조금도 쉬지 않고 일만 하던 남편이 계속 잠에 빠져 있다면서, 옆에서 지키고 있는 심경을 말하면서 꽃잠이라고 했다. 꽃잠도 죽음으로 가는 전 단계가 아닐까.

아기가 태어날 때는 엄마의 배를 보고 주위사람들은 세상에 나올 때가 얼마큼 가까워졌는지를 짐작할 수 있다. 하지만 떠날 때는 어느 날 갑자기 떠날 수도 있고, 오랜 병으로 징조를 나타내기도 한다. 하지만 엄마는 움직이지 않고 오래 침대에 누워 있어서 그 상태를 알 수가 없었다. 몸 어디도 아프지 않아서 우리는 얼마나 고마운지, 진통제를 한 번도 맞지 않으셨다. 응급실에 가신 적도 없다. 육체적 고통이 없었던 것만도 얼마나 감사한지. 엄마는 날마다 자식을 위해 이렇게 스스로 혼자서 죽음으로 가는 연습을 하시고 계셨다.

내가 결혼 후 4년 정도에 이르렀을 때 아버지는 세상을 떠나셨다. 아침저녁으로 물건을 펴고 거두는 일, 그리고 맞춤을 위한 옷감을 구하러 동대문시장에 가는 동안 가게를 지켜주셨던 아버지의 부재로 혼자 가게를 어떻게 운영하며 사셨을까? 이제야 더듬어본다. 눈물이 왈칵 나온다. 생각해 보니 이때 나는 아이들을 기르며 고등학교 교사로 정신없이 보냈었기 때문이다. 내 발등에 불만 끄며 사느라고 엄마는 아버지의 도움 없이 어떻게 사는지 생각하지 못했다. 나로 인한 근심과 걱정을 끼치지 않도록 노력하는 것이 엄마를 위한 길이라고 생각했다. 이렇게 나와 엄마의 삶은 오직 그날의 일만 충실하게 마무리하느라고 건조하고 팍팍한 삶이었다.

내 힘으로 바쁘게 살았다는 자부심만 가졌을 뿐 엄마의 고통과 은혜는 까맣게 잊고 살았다. 학교에 다니면서도 살림을 도맡아 왔다는 기억, 결혼하고 출산해도 미역국도 얻어먹지 못했다는 등 엄마에게 받은 것이 없다고 원망한 적이 있다.

엄마가 세상을 떠나시고야 엄마에게 받은 것이 떠올랐다. 아이들을 도우미에게 맡기고 직장에 다녔는데, 뜻하지 않은 일로 갑자기 도우미가 떠나야하는 일이 생기면, 나는 무조건 엄마에게 도우미를 구해달라고 부탁했다. 내곡동 주택에 사는 동안 아버지의 먼 친척 'Y' 아주머니를 구해 주었다. 그보다 더 큰 일이 어디 있겠는가. 직장을 그만 두어야하는가. 어쩌면 내 삶의 진로를 결정짓는 중대사였다. 그런 도움을 당연한 것으로 여기고 잊고 살았다.

어디에선가 읽은 '원망은 자기반성이 없는 자의 것'이라는 구절이 떠올랐다. 그렇다. 그때그때마다 반성 없이 무조건 앞으로만 달렸다. 내 발 앞에 떨어진 불을 끄느라 허덕이며 살아오는데 급급한 삶이었다.

날씨가 몹시 춥다. 이런 날은 밖에 나가기가 싫다. 다른 사람들보다 유난히 추위를 견디지 못하는 체질이라 겨울이면 따뜻한 나라에 가고 싶은 마음이 일어난다. 걸핏하면 감기에 걸려서 고통을 겪기 때문에, 영하 10도라는 기상뉴스에 몸이 먼저 움츠러든다.

그래도 꼭 필요한 식품을 구입해야 하기에 햇볕이 가장 강하게 비추는 시간에 털목도리를 목에 따뜻하게 두르고 집을 나섰다. 슈퍼로 가는 길은 봄부터 가을까지는 아름답게 심은 나무들로 싱그러운 정원이지만, 겨울은 잎이 떨어져 앙상하게 드러낸 나무들이 쓸쓸하다. 그 길 끝에는 초등학교 교문이 있다. 교문 앞 모퉁이에는 언제나 야구르트를 파는 아주머니가 서 있었다. 그 앞을 십년 넘도록 오고갔다. 슈퍼로, 동사무소로 가는 길이요, 또한 버스를 이용하려면 지나는 길이었다.

추위로 슈퍼 안은 사람들이 적었다. 필요한 것만 얼른 집어 계산했다. 내 손으로 들 수 있는 만큼만 구입해서 집으로 향했다. 추위에 몸을 웅크린 채, 넘어지지 않으려고 땅만 보면서 걷다가 우연히 앞을 바라보았다. 야구르트 아주머니가 추위에 발을 동동거리며 뛰고 있었다. 그 순간 몇 십 년 전, 길 한가운데서 노점상을 하던 엄마가 떠올랐다. 하루 종일 좌판에 진열한 내복을 팔려고 발을 구르며 추위를 참던 엄마와 똑같았다.

엄마에게 가는 날인데 춥기도 하거니와 얼어붙은 길이 미끄러워서 엄두가 나지 않았다. 남편이 지하철역까지 자동차로 데려다 준다고 해서 용기를 냈다. 엄마를 위하여 가기보다 나중에 내가 후회하지 않기 위한 용기였다. 그리고 최선을 다해야 엄마에게 덜 미안할 것 같았다. 마침 엄마가 있는 강북은 눈을 잘 치워서 길이 미끄럽지 않았다. 행인을 위해 눈을 치운 사람들의 따뜻한 마음을 느끼면서 걸었다.

보온병에 담은 팥죽이 식을까봐 걸음을 빨리한다. 팥죽과 팥을 넣은 수수부꾸미를 엄마는 좋아하셨다. 따뜻한 팥죽을 드시고는 "고마워." 하신다. "무엇이 고마워요? 저의 집에 모시지 못하는 제가 죄송하지요."라는 대답으로 늘 마음에 고민했던 죄의식을 고백했다. 그 말에 "아니야, 집에서 혼자는 할 수 없어! 이렇게 죽을 떠먹여 주는 것만으로도 고마워!" 그리고 이어서 "늙기가 이렇게 힘들어!" 하신다. 나는 "죽기가 이렇게 힘들어!" 하실 줄 알았는데….

엄마는 평상시에도 말을 함부로 하지 않았는데, 몸이 편찮으신 중에도 할 말과 하지 말아야할 말을 뚜렷이 구분했다. 그러고 보니 좀처럼 엄마가 함부로 말하는 걸 들어보지 못했다. 장사와 살림이라는 이중고로 몸이 항상 고단했을 텐데도 힘들다 하신 적 없고, 아버지가 술로 화풀이 할 때도 참기만 할 뿐이지 우리들에게 신세타령을 하지 않았다. 이제야 엄마를 곰곰이 살피니 정말로 우리 엄마는 훌륭한 분이다. 집으로 돌아오면서, 엄마의 마음을 읽어서 좋았다. 늘 모시지 못한 미안함을 고백할 기회를 만나서 마음이 평안해졌다. 춥다고 가지 않았다면 그동안 엄마에 대한 미안함과 죄의식을 털어놓을 기회를 놓쳤을 것이다.

크리스마스가 오면 나는 먼저 동치미 항아리를 열어본다. 해마다 담갔지만 어떤 맛이 나올지 걱정이 된다. 시어머니에게 물려받은 솜씨다. 조마조마한 마음으로 항아리 뚜껑을 열고 국자로 떠서 맛을 보니 너무 맛있다. 지난 가을에 담글 때, 조금 짤 것 같아 마지막에 생수를 두 병 부었는데, 골마지도 전혀 끼지 않고 보통 때보다 훨씬 맛있다. 이 맛을 먼저 엄마에게 자랑하고 싶었다. 새로 마련한 통에 무를 잘게 썰어 넣고 국물도 담아 가지고 갔다. 나는 칭찬받고 싶었다.

나박김치나 동치미 같은 물김치를 좋아하셨는데 맛있다는 말씀도, 칭찬도 하지 않아 섭섭했다. "엄마! 맛있는 동치미야!" 했으나 엄마는 입을 꽉 다물고 눈을 뜨지 않았다. 갑자기 내게 섭섭한 게 있으신가 하는 느낌이 확 들었다. 도둑이 제 발이 저리다고 내가 무엇인가 잘못했다는 생각에 두려웠다. 엄마가 내 잘못을 혼내주었으면 좋겠는데. 아무 말도 없으시다.

입맛을 잃으셨나 보다. 요구르트나 초콜릿같이 단 것은 잘 드시는데 동치미 맛은 잃으셨나 보다. 외삼촌댁에서 식사를 하시고 오는 날은 그 집 며느리의 음식솜씨가 좋다고 하면서 그 가운데 물김치가 제일 맛있다고 하셨다. 그때 맛있게 물김치를 담가서 가져다 드려야 했는데, 그냥 음식의 품평을 듣는데 그쳤다.

독방에서 홀로 계시면서 움직이지 않아 다리 힘을 급속하게 잃어갔다. 누워서 시간을 보내는 것이 무의미하게 생각되었다. 왕복 4시간이 걸려 갔는데 겨우 2시간 뵙는다는 사실이 허무했다. 일주일에 한 번 가는데도 4년 반이라는 시간에 나는 점점 지쳐갔다. 엄마를 보러 갔다 오면 온몸이 아프고 저녁식사를 마련하기가 힘들었다. 그렇다고 내 집안 살림을 그냥 팽개칠 만큼 담대한 성격이 아니라 엄마를 늦은 시간까지 돌보지도 못했다.

그래도 만나면 엄마가 하고 싶은 말이 있을 것 같아 되풀이하여 묻는다. 그리고 엄마의 기억력의 상실을 막기 위하여 엄마의 부모 이름과 고향주소, 자식과 손자 손녀 이름 등등을 물어본다. 엄마는 '밥하기 힘들 나이'라며 오히려 나를 걱정해 주셨다. 나의 직장생활로 인해 엄마는 나와 이야기를 나눌 시간에 늘 목말라 하셨으나 언젠가 가능하리라 생각하며 미루어 왔다. 그런데 이제는 들어줄 준비가 되었는데, 하고 싶었던 말을 전부 잊으셨나 보다. 나는 은밀히 엄마의 소원과 유언을 듣고 싶었다. 하지만 번번이 이야기의 초점은 빗나갔다. 그럴수록 내가 모시지 않고 요양원에서 마지막 시간을 보내시게 한 것이 괴로웠다. 늦게야 엄마에게 잘못했다고 용서를 구했다. "아니야, 에미는 잘못 없어, 어느 자식도 뒷바라지를 할 수가 없어."라고 말하셨다. 그렇게 시간은 흐르고 있었고, 잔잔한 날들이 계속되고 있었다. 그런 날들이 은혜였음을 모르고 조바심쳤던 게 떠오른다. 엊그제까지 춥던 날씨가 점점 풀리면서 햇볕이 따스해지고 있다.

# 예상 못한 이별

요양원으로 가는 발길은 언제나 죄송스럽고 미안했다. 가장 행복한 죽음은 자신이 살던 집에서 육체적 고통 없이 지내다가 자녀들이 보는 가운데서 눈을 감는 것이 아닐까. 하지만 이런 죽음은 극히 드물다고 한다. '1990년까지만 해도 병원에서 투병하다가 임종이 다가오면 환자를 구급차에 태워 집으로 왔다'고 강원남(『누구나 죽음은 처음입니다』 96쪽)은 말하면서 임종을 집 밖에서 맞는 것은 객사로 좋은 죽음이 아니라고 했다. 요양원에 계시다가 홀로 떠나시는 죽음은 외롭고 힘들며 고통스럽다. 그러고 보니 시어머니도 병원에 한 달 정도 계시다가 집으로 오셔서 3일 만에 떠나셨다.

다행히도 요양보호사들은 친절했고, 엄마도 불평을 하지

않고 고마워했다. 엄마를 뵈러 가는 날은 긴장하며 날씨를 살핀다. 비가 오거나 바람이 불어서 가기가 힘들까 봐 맑았으면 좋겠다는 생각을 품는다. 아침 일찍 준비한 간식과 죽을 가지고 엄마 방에 들어가 먼저 기분이 어떤지, 지난밤에 잘 주무셨는지 엄마의 얼굴을 살핀다. 우선 간식을 드리고, 이야기를 하려고 화제를 꺼내지만 점점 말씀이 없어지고 계속 눈을 감는다. 옆에서 찬송하고 성경말씀 읽어드리며 몇 시간 있다가 돌아오는 길에 100세가 된 친정어머니를 혼자 모시는 선배를 떠올렸다.

그 선배에게 "선배님도 노년인데 어떻게 어머니를 목욕시키고 화장실에 데리고 가세요? 이제는 요양원에 의지해야 되지 않을까요?" 하고 물었다. 그때 선배님은 나도 힘들어 그렇게 하고 싶은데, 딸과 아들이 자기들도 도울 테니 조금만 더 참고 그대로 하라고 하더라고 했다. 아들과 딸이 함께 돌보는 선배네 집이 부러웠다. 그 선배는 무남독녀이기에 평생을 친정어머니와 함께 살았으며, 교사로 직장에 근무하는 동안 손자와 손녀를 길러 주었다고 한다.

이런저런 후회를 하면서 집에 오면 그날의 임무를 다한 듯 긴장이 풀렸다. 긴 세월을 지나는 동안 엄마와의 작별도 예상하며 세심하게 돌보았어야 했는데…. 어느 자식에게도 찾아오라고 부르신 적이 없다. 자식들은 그것을 평안하게 계신 것으로 여기고 무심하게 보냈다. 노쇠한 엄마가 침대에 누워 하루하루 힘겹게 마르는 모습을 보고만 있자니 마음이 답답하고 슬픔만 일어난다. 그 순간 건강하실 때 무엇을 했는가를 더듬어도 추억은 떠오르지 않는다. 왜 맏딸인 내게 푸념도 하지 않고 보통 다른 엄마들처럼 이래라 저래라 하며 간섭도 하지 않았던가.

아무런 징조 없이 죽음을 맞이할 것이라고는 짐작도 못했다. 죽음의 징조가 보이면, 대학병원의 호스피스 병동으로 옮겨서 호스피스에게 따뜻한 위로를 받고 가족들의 마지막 인사를 받고 떠나시기를 바랐다.

때로는 맏딸인 나에게 엄마가 유언을 하지 않을까 은근히 기다리기도 했었다. 무엇인가 특별한 말씀을 주시리라 믿었다. 그런 기다림은 시간의 흐름과 동시에 잊혀진 채, 엄마의 얼굴과 몸은 야위어만 갔다. 유난히 흰 손등에는 빨간 줄이 거미줄처럼 엉키어 있다. 가만히 누워만 계신 데도 살이 점점 빠지는 게 이상했다. 이불을 들추어 종아리와 발등을 만져보니 역시 마찬가지로 야위었다.

그래도 육체적 고통이 없으니 다행이라고 하나님께 감사했을 뿐, 어떤 말이나 행동으로도 엄마에게 위로나 평안을 드리는 방법을 찾지 못했다. 주로 월요일에 엄마를 뵈러 갔는데, 점심식사가 끝난 오후 1시 이후에 갔다. 가족이 식사를 드리면 잘 잡수시지 않는다는 요양보호사의 말을 믿었다. 실제로 내가 드리면 잘 드시지 않는데 요양보호사가 어린 아기를 달래듯 살살 칭찬하면서 죽을 떠 넣어 드리면 잘 넘기시곤 했다. 그 때문에 점심식사가 끝나고 30분 지났을 때, 과일과 집에서 갈아 만든 단팥죽이나 호박죽을 드리면 잘 드셨다.

지난 3월 12일 월요일은 예상보다 일찍 도착했다. 마침 요양보호사가 죽을 드리고 있었다. 그날은 유난히 잘 드시지 않는지 큰소리로 엄마에게 입을 벌리라고 명령하는 듯했다. 다른 환자도 돌봐야 하는데 엄마가 빨리 드시지 않아 조급증이 난 것 같았다. 다른 분을 돌보시라 하고, 내가 죽을 드리겠다고 했다. 그러나 아무리 천천히 그리고 친절하게 달래며 입을 벌리라고 해도 좀처럼 입을 열지 않고 눈을 감고 계셨다. 오늘은 잡수시고 싶은 생각이 없나보다 하며 포기했다. 가끔 그런 경우가 있었기 때문에 혹 마지막 징조가 아닐까 짐작하지 못했다. 그때 손발이라도 만져보고 이상 증세가 없나 살펴서 담당실장에게 이야기하고 대책을 강구했어야 했는데, 오늘은 할 수 없다고 여기며 무심히 보냈다.

그런지 하루를 지나 수요일 아침 10시 15분경 돌아가셨다는 연락이 왔다. 그제야 왜 월요일 점심에 죽을 잘 드시지 않은 엄마에게 더 깊은 관심을 기울이지 않았던가 후회가 치밀었다. 그 전날 화요일 아침 작은동생이 갔을 때도 별 이상한 조짐을 느끼지 못했다고 한다. 요구르트와 초콜릿을 잡수셨다고 한다. 그날부터 삶을 마감하기까지 혼자서 얼마나 외롭고 슬펐을까. 삶을 마감하기까지 의지할 지푸라기를 잡으려고 엄마는 낯선 요양원 독방에서 홀로 얼마나 힘들게 사투하셨을까. 끝내 나는 마지막 가시는 길에 손을 붙잡아 드리지 못했다.

'질식하거나 기침을 하면서 격렬하게 죽거나 또는 혼수상태에서 죽지 않는다면 서서히 닳아 없어지면서 죽는 게 전부다.'라는 헨리 마시(『참 괜찮은 죽음』)에 따르면 엄마의 죽음은 서서히 닳아 없어진 것이었다. 월요일 점심에 죽을 드시지 못한 것이 생의 마감을 알리는 신호인 것을 알았더라면 빨리 엄마를 집으로 모시거나 대학병원 호스피스 병동으로 옮겼을 텐데. 다섯 자식과 손자손녀들을 불러서 평안한 마음으로 떠나시게 하였더라면 얼마나 좋았을까.

10년 동안 조그만 아파트에서 혼자 잘 사셨다. 하나님을 믿는 이웃 성도들과 교회생활을 하면서 바쁘게 지내셨다. 13층에 있는 엄마 집은 참으로 밝고 아늑해서 교회 친구들이 자주 와서 부침개도 부쳐 먹으며 이야기를 나눈 곳이었다.

그런 따뜻한 기억이 있는, 당신 방에서 죽음을 맞이했으면 더욱 좋았을 것을…. 텔레비전, 화장대, 옷장과 머리맡에 놓인 찬송가과 성경책이 보이고, 거기에 자식들이 지키는 가운데 하늘나라로 가셨다면 마음이 훨씬 평안하셨을 것 같다. 다행히도 오남매 자식들 중에서 어느 자식 하나도 앞세우지 않았다. 그런 고통이 없이 긴 생애를 마친 것만으로도 다행이라 해야 할까.

몇 년 동안 계시던 요양원 독방에서 엄마는 쓸쓸히 혼자 떠나셨다. 생각하면 할수록 더욱 커지는 잘못을 주체할 수 없어 눈물이 한없이 쏟아진다. 이제 저 세상으로 가신 엄마에게 사죄할 길이 없다. 요양원으로 처음 가던 날, 엄마는 얼마나 황망했을까. 그때는 좋은 곳을 택하고 그곳에 가기 위한 서류를 준비하느라고 엄마의 마음을 살피지 못했다.

엄마는 떠나시는 날도 자식들을 생각해서 아버지와 같은 날을 택하셨다. 이것은 끝까지 다섯 자식들에게 베푼 사랑이었다. 이토록 베푸신 엄마의 사랑을 동생들도 분명히 알 것이다. 장례의 절차에 따라 입관하는데 두 여동생이 통곡했다. 장례식이 끝나고 엄마는 아버지가 계신 순복음교회 묘지에 함께 묻혔다. 하늘이 파랗고 햇빛이 밝았다. 그곳까지 따라온 일가친척들은 엄마의 명복을 빌며, 날씨가 축복해 주었으니 엄마는 천국으로 가셨을 거라고 위로해 주었다. 자식들은 엄마를 땅에 묻고는 아무 말 없이 뿔뿔이 헤어졌다. 엄마가 그토록 소망했던 '보라 형제가 연합하여 동거함이 어찌 그리 선하고 아름다운고(시편 133:1)'는 그냥 사라졌다. 참으로 가슴이 아프다.

이틀이 멀다고 텔레비전에서는 우리 사회가 초고령사회로 가고 있다고 전한다. 뜨거운 여름 8월 24일 중앙일보에 「늙어서 미안, 너흰 늙지 마라」라는 제목의 기사가 실렸다. "미안하다. 너희들은 절대 늙지 마라. 나도 이렇게 늙을 줄 몰랐다. 노화는 누구도 거스를 수 없는 자연의 섭리인데 어쩐지 미안한 일이 돼버렸습니다." 너무나 공감했다.

그런가 하면 2018년 9월 10일, 텔레비전에서 일요일 아침에만 나눠주는 오백 원짜리 동전 하나를 받으려고 새벽부터 일찍 와서 줄을 서서 기다리는 노인들을 보았다. 이런 노인들을 생각하면 우리 엄마는 그래도 밥을 얻어먹거나 동전을 얻으려고 애쓰지 않은 것만도 다행이고, 작은동생이 3년 반 동안 매일 아침 엄마를 뵈러 갔으니 다소 위로를 받지 않았을까. 누구나 정말 늙고 싶은 사람이 어디 있겠는가. 어찌하여 70대 중반을 넘은 내 늙음만 걱정하다가 엄마의 마지막 삶을 보살피지 못했는지 후회가 가슴을 저민다.

추석 전날 밤 9시 10분부터 1시간 동안 KBS에서 '老母'라는 제목으로 추석 특집 프로그램을 방영했다. 엄마에 대한 후회가 떠나지 않던 차에 눈에 확 들어왔다. 86세의 노모의 생일잔치가 이야기의 중심이었다. 다섯 자식에 손자, 손녀까지 식구가 많았다. 스물한 살에 시집가서 평생 일하며 지내신 노모에게 생일잔치 날 화장을 해드리니, "늙어서 바르면 뭐하노?" 한다. 우리 엄마도 평생 로션 하나 바르지 않으셨다. 화장품을 사다 드리면 늙어서 바르면 뭐 하냐고 텔레비전 속 노모와 똑같은 말씀을 하셨다. 그래도 그 노모의 생일잔치는 풍성했다. 86세의 노모는 행복해 보였다.

엄마와 나는 노는 시간을 많이 갖지 않았고, 우리 오남매 모두가 함께 모여서 놀아보지도 못했다. 친정일은 남동생들에게 미루었고, 또한 어린아이가 아장아장 산 속으로 무심히 걸어가듯이 학문의 길로 접어든 것이 원인이 된 것 같다. 늘 책을 읽는데 빠져서 동생들과 놀러가지를 못했다. 우리 시대에는 너나없이 거의 모든 사람들이 일하고 저축하는데 힘을 기울였지 놀아볼 생각을 하지 못했다. 공부를 늦게 시작한 탓에 뚜렷한 업적도 이루지 못했고, 엄마나 친정 동생들과의 즐거운 추억도 만들지 못했다. 엄마의 생일에 다섯 남매가 모이기는 했어도 함께 노래 부르고 즐겁게 지낸 적이 전혀 없다. 겨우 함께 밥 먹는 것이 생일이었다.

부모의 마음이 편해야 하며, 자식이 부모 걱정 안 시키는 게 제일 큰 복이라고들 말한다. 일상생활에서 소소한 즐거움을 드리며, 부모의 말에 귀를 기울여 잘 듣는 것이 결국, 부모에게 즐거움을 안겨 드리는 것이다. 별게 아닌데 왜 여행지에서 손을 잡고 걷는다든지, 다정하게 엄마를 안아 드리지 못했을까. 지나간 일들이 하나하나 떠올라 슬프다.

최해운의 『누구나 한 번은 엄마와 이별한다』에 나오는 엄마는 호스피스병동에서 죽음을 얼마 앞두고, "내 인생 참 잘살았다."고 아들에게 고백한다. 아들은 "어떻게 잘 사셨는데요?" 물었다. "잘 살았지, 여덟이나 낳아서 다 장가가고 시집가고 너들끼리 안 싸우고 화목하게 지내고, 다 앞가림하면서 살고 있고…."(184쪽) 소박하고 진솔한 해답이었다. 큰 욕심 없이 평범한 소망을 이룬 것으로 잘 살았다는 인생의 결론을 내린 그분은 참으로 평화스럽고 행복하게 보였다. 하지만 우리 엄마는, 오남매가 싸우지는 않지만, 아직도 각자의 삶에 빠져서 엄마와 함께 즐거움을 나누지 못해서 마음이 편하지 않았다.

간혹 지나간 일을 되풀이 말할 때, 마음에 닿지 않더라도 '맞아요, 그렇게 했으면 좋았을 텐데요.'라고 응원 할 걸.

# 끝까지 주고 떠난 엄마

새해가 들어서면서 엄마는 점점 말을 하시지 않고, 드시는 죽의 양도 조금씩 줄어 갔다. "엄마! 오늘이 새해야!" 창밖의 파란 하늘을 손으로 지적하면서 큰소리로 말했다. 그런데도 엄마는 힘없는 소리로 "그래."라며 얼굴의 표정에는 아무런 변화가 없다.

죽음의 길은 멀지 않고, 말하지 않고, 눈뜨지 않는 것이라는 사실을 미리 알았더라면 엄마가 죽음에 가까이 이르렀음을 눈치로 알았어야 했는데…. 그런 변화를 세심하게 관찰하지 않아서 말 못할 만큼 엄마가 기운이 없는 것을 몰랐다. 그리고 떠날 시간이 임박하면 어떻게 해야 하는지 알려고 하지 않았다. 호스피스의 어머니이며 죽음학의 세계적인 대가인 엘리자베스 퀴블러스는 그의 저서 『생의 수레바퀴에서』에서 '죽어가는 환자 중에 사랑과 접촉과 교류를 갈망하지 않는 사람은 하나도 없다는 사실을 나는 배웠다.'고 한다. 거의 잡수시지 않을 때도 떠날 시간이 가까워 온다는 것도 짐작하지 못했다. 그냥 할 말이 없는 것으로만 생각했다. 엄마에게 가는 형식적인 일에만 신경을 기울이고 정작 엄마의 미세한 변화를 깨닫지 못한 것은 내 탓이다.

엄마의 독실한 믿음과 끊임없는 기도에도 불구하고 우리 오남매는 하나로 화합하지 못했다. 어려서 학교에서 집으로 돌아오면 따뜻하게 맞아주는 엄마, 즉 구심점이 없는 환경에서 각자의 삶과 성격이 다르게 형성되어서 그렇게 된 것 같다.

허둥지둥 달려가 엄마의 얼굴을 만지니 차디찼다. 아! 죽음이란 이렇게 찬 것이로구나. 엘리자베스 퀴블러는 '어제는 이야기를 나누고 손을 잡을 수 있던 사람이 오늘은 사라져 버렸다. 유체는 그곳에 있지만 손을 잡아도 나무토막 만지는 것 같다.'(229쪽)라고 했듯이 엄마의 손은 차고 막대기 같았다. 외롭게 혼자 떠나신 엄마에게 미안했다. 오랜 시간 거기 계시는 동안 말라서 조그만 몸통으로 누워 계신 엄마 얼굴에 대고 "잘 보살피지 못하고 혼자 떠나시게 해서 미안해요. 하지만 존경하고 사랑합니다."라는 말을 엄마 귀에 속삭이며 울었다.

요양원에 계시는 동안 내 마음이 시시때때로 변하곤 했다. 가서 뵙는 날은 마음이 아팠다. 똑같이 계속되는 상태, 더 아프지도 않고, 조금도 새로운 변화가 일어나지 않는 건강 상태가 수평선처럼 이어지니 심란했다. 변화가 있으면 그것에 대응하느라고 잡다한 생각은 일어날 틈이 없을 것 같았다. 한편으로는 육체적으로 아프지 않은 것만으로도 하나님께 감사했다. 그래도 집으로 돌아오는 길은 착잡해지곤 했다. 내 죽음도 멀지 않았는데 언제까지 매달려야 하는가.

뵙지 못하는 며칠 동안 엄마의 상태를 작은동생이 "엄마는 아주 좋아."라고 알려주면 이상하게도 내 마음은 청개구리처럼, 좋지만은 않았다. 떠나야 할 사람은 어서 떠나는 것이 우주의 법칙이라고 생각했다. 그리고는 곧 후회로 가슴을 쓸어내리며 옳은 길이 보이지 않아 허둥거렸다. 팔다리를 만지면서 따뜻하면 좋아해야 하는데, 마음 한구석은 떠나실 날이 아직도 멀었구나! 싶다가도 곧 죄를 짓은 것 같아 하나님께 용서를 구했다. 청개구리처럼 반대로 움직이는 내 마음이 미웠다.

하나님을 원망한 적이 한두 번이었던가. 이렇게 하나님에 대한 불만을 친한 C권사님께 쏟아내곤 했다. 그때마다 당신의 어머니가 떠나는 것처럼 따뜻하게 위로해 주었다. 그래도 단순한 위로의 말이라고 해석했을 뿐이었다. 막상 장례까지 치르고 추도예배일을 정하려고 보니, 아버지와 같은 3월 14일에 떠나신 걸 알았다. 자식들의 일을 덜어 주려고 오래 누워 계셨구나! 아버지의 기일과 같은 날을 택하신 것은 기적이었다. 나는 엄마에게 기쁨을 드리려고 노력한 것도 없는데 엄마는 끝까지 자식들을 생각하여 마지막까지 선물을 베푸셨다.

'마지막 선물, 기적으로 하나님을 증거 하신 엄마'다. 이렇게 자식들을 편하게 해주시려고 날을 잡아 홀연히 떠나셨구나! 정말 하나님은 엄마의 소원을 들어 주셨구나!

입관하는데 장례지도자는 유달리 커다란 창호지 10장을 일일이 조심스럽게 접어서 엄마의 시신 위에 차곡차곡 놓고는 그 사이에 빨간 십자가를 10개 꽂아 엄마의 몸을 덮었다. 빨간 십자가로 관 속이 환해졌다. 그리고 하얀 국화로 가득 채우며, 국화꽃은 썩지 않고 오래 향기를 발해서 좋다고 했다. 엄마의 시신이 너무 자그마해서 빈 공간을 국화꽃으로 정성껏 채워 준 것 같아 고마웠다.

조그만 몸이 누워있는 관은 헐거웠는데 빨간 십자가와 하얀 국화로 가득 채우니 내 마음이 평안하고, 그제야 엄마가 덜 외로워 보였고 아름다운 곳으로 가신다는 생각이 들었다.

엄마는 말이 없다.

철학자 박이문은 '죽음에 의미가 있다면 그것은 오로지 살아있는 사람에게만 있지 죽은 사람에겐 없다. 죽음은 살아있는 우리에게 산다는 것이 무엇인가, 산다는 의미가 무엇인가, 어떻게 살 것인가를 물으며 그 물음에 대한 대답을 강요한다.'고 그의 저서 『길』(142쪽)에서 말했다. 그렇다. 엄마의 죽음이 계속 나를 과거로 돌아가게 하면서, 엄마가 살았을 때 하지 못한 일들에 대한 생각이 이어졌다.

집에서 모시지 않고 요양원에서 홀로 떠나시게 한 우리를 끝까지 보살피시고, 이후의 짐까지 덜어주려고 아버지와 같은 날을 택하신 엄마의 죽음은 살아 계셨을 때 지니셨던 생각 그대로를 택하신 것이었다. 엄마는 아주 자연스럽게 하늘나라로 여행을 떠나셨다.

장례를 치르고 거의 한 달 가까이 되던 날, 카스테라를 구입해서 엄마가 계시던 요양원의 어른들에게 드렸다. 그리고 구실장에게는 그동안 잘 보살펴 주신 은혜에 대한 감사편지를 드렸다. 아마 엄마도 천국에서 잘했다며 좋아하실 것이다.

## 엄마가게는 그대로 있을까

앞을 컴컴하게 가렸던 미세먼지가 며칠 만에 사라진 맑은 날이다. 파란 하늘에 밝은 햇빛이 거실 한가운데까지 들어와 마음을 달뜨게 한다. 그러자 그 밝은 빛이 지난해 떠나신 엄마가게로 유혹한다. 시간은 아득하게 흘렀는데 아직도 그곳에 있을까. 양력명절을 지냈기에 음력명절의 한가한 틈이 엄마가게를 찾고 싶은 호기심을 불러일으킨다. 추운날씨에도 불구하고 용기를 내어 집을 나섰지만, 강산이 몇 번 바뀐 세월에 찾을 수 있을는지….

명절 연휴기간으로 전철 안은 드문드문 앉은 사람들로 조용했다. 두 번의 환승을 거쳐 아현역이 있는 2호선 전철에 오르자 마음이 두근거리기 시작했다. 어쩌면 높고 큰 건물로 바뀌어 그 위치조차 짐작할 수 없다면 어찌할까. 아니나 다를까 아현역에 내려 북아현동 방향으로 나왔지만 어리둥절했다.

북아현동으로 가는 큰 길은 그대로 뻗었는데, 왼쪽의 상가와 주택은 재개발로 하늘을 가린 고층아파트와 상가가 신도시로 보였다. 오른쪽에는 낮은 상가와 주택이 옛 모습으로 익숙했지만, 맞은편 우람한 건물에 위축되어 초라한 모습이었다. 전철역에서 두 건물을 지나 왼쪽 골목길로 접어들면 신촌으로 올라가는 길이며, 그곳부터 아현시장이 시작된다. 길 가운데는 속옷, 양말과 건어물, 과일을 진열한 좌판대가 있어서 사람들이 지나기가 불편할 정도로 번성했던 시장이었다. 거기에서 신촌방향으로 한 블록을 더 가면 엄마가게가 있지 않을까 짐작된다.

시장도 한쪽만 재개발되는 바람에 좌판대 상점은 없어지고 길은 넓고 텅 비었다. 재건축이 되지 않은 곳에만 옷을 파는 가세들이 있었고, 맞은편의 들쑥날쑥 들어선 30층 정도의 고층아파트에 눌려서 지나가는 사람조차 없이 한가한 분위기였다. 엄마가게로 향한 길에 늘어섰던 주택들도 고층 아파트로 재건축했다. 그로 말미암아 고층아파트 사이사이에 있는 넓은 공간은 싱그러운 나무들로 채워져서 아름다운 정원을 연상시켰다. 그 순간 다른 나라에 온 것 같은 착각에 엄마 집을 찾지 못할 것 같아 불안했다. 주위를 두리번거리며 어림짐작으로 걷기 시작했다.

조마조마한 마음으로 높은 건물과 낮은 건물 사이를 조심스럽게 천천히 오르는데 왠지 낯익은 '함흥쌀 상회'라는 간판이 눈에 들어왔다. 반가워 정신이 번쩍 들었다. 그 근방이 엄마가게라는 기억이 어렴풋이 떠올랐다. 새로 건축하거나 없어지지 않았는지 조심조심 다가갔다. '함흥쌀 상회' 바로 옆에는 여러 과일을 진열한 '순영상회'라는 가게가 있었다. 그 '순영상회'를 모퉁이로 돌면 바로 엄마가게가 있을 것 같다. 주인을 잃었는지 검은 천막으로 덮여서 납작하게 엎드린 집이었다. 천막 위에는 '도루코-창고'라는 낡은 글씨가 세월에 닳아 희미했다.

바로 그 창고가 엄마가게이었다. 검은 천막으로 전체를 덮은 집은 낮게 주저앉은 듯했다. 재개발이 되지 않아서 고층으로 변하지 않고, 그 자리를 지키며 검은 천막을 덮고 있는 모습이 엄마의 마지막 모습과 겹쳤다. 재건축을 기다리느라고 보수를 하지 않고 그대로 있는 집이 마치 침대에서 오래 계셨던 엄마를 닮은 듯했다. 안을 보려고 돌아가니 붉은 벽돌로 된 울타리는 낡아 헐었고, 출입문에는 굵은 자물쇠가 매달려 있었다. 그 집 앞에는 서대문 구청장의 이름으로 '창고 앞- 주차금지'라는 팻말과 '쓰레기 무단투기금지- 적발시 백만원 이하 과태료'라는 간판이 달려 있었다.

엄마가게의 맞은편에 있던 상점은 밀가루, 설탕, 멸치 등 마른 반찬을 파는 가게였는데, 그때 낮에는 건어물을 팔고, 저녁이 되면 야간 고등학교를 다니던 친구는 지금 어디에서 무엇을 할까. 그 가게는 5층 건물로 새로 지어서 부동산 이름을 달고 있었다. 주위 대부분은 보수를 하거나 새로 지은 상점이었다. 엄마 가게만 검은 천막으로 덮여 창고로 쓰이고 있었다. 천막 한쪽으로 툭 튀어나온 회색기와, 서가래 몇 개가 우리가 살았던 집을 확인해주었다. 보잘것없는 형상으로라도 엄마의 한복가게가 그 자리에 그대로 있다는 것 자체가 기적이라 마음에 흥분이 일었다.

바로 이웃 고층 아파트에 사는 사람들이 검은 천막 앞을 지날 때면 아마 쓰레기로 여길 것이다. 하지만 그 집은 엄마가 자식들을 위하여 재봉틀을 돌리고 이웃 상인들과 고락을 나누었던 추억이 담긴 소중한 곳이었다. 한참 서서 멍하게 바라보았다. 한옥의 방들 가운데 시장으로 향한 방 하나를 가게로 만들어서, 3면에 옷감을 걸어서 벽을 만들고 앞에는 재봉틀이 놓였던 엄마의 일터, 이 시장에서 딸을 대학에 보낸 집은 단 두 집뿐이라며 자랑했었다. 바로 내가 그 주인공의 딸로 존재했던 곳. 그렇지만 지금은 사방 모두가 변하여 낯설었다. 건물뿐만 아니라 낯익은 사람 하나도 보이지 않아 나는 이방인처럼 우두커니 서 있었다.

엄마가 한복을 팔던 가게가 낡은 채, 아직도 그대로 있다고 하늘나라에 계신 엄마에게 전해야겠다. 그곳을 찾기까지 참으로 많은 세월이 흘렀다. 엄마가 그리워 찾았는데, 볼품없는 모습으로나마 그 자리에 있다는 것이 얼마나 다행인가. 세찬 바람이 불어와 내게 떠나라고 재촉했다. 사람들은 재건축으로 새 집을 좋아하지만, 내게는 낡은 집이 행운처럼 기쁨을 안겨주었다. 길 하나를 사이에 두고 재건축에 해당되지 않은 것이 얼마나 기쁜지. 겉으로 보기에 쓰레기 같지만 우리를 키우느라 일했던 엄마와 내 성장을 뒷바라지 했던 추억이 담긴 소중한 집.

# 노년의 삶과 죽음

노화와 죽음에 관한 문제가 부쩍 빈번하게 공론화되고 있다. 영양과 위생 상태가 좋아지고 의료기술이 발달하면서 인간의 평균 수명이 점점 늘고 있다. 1900년대에는 평균수명이 50세였던 것이 21세기로 넘어오면서 경제협력기구(OECD)에 속한 국가들의 평균수명이 80세에 이르렀다는 보도가 있었다.

이렇게 생명이 길어지는 가운데, 아툴 가완디는 현대의학이 놓치고 있는 삶의 마지막 순간을 다룬 저서 『어떻게 죽을 것인가』에서 나이가 들고 병들어가는 과정에서 '삶에는 끝이 있다는 현실을 받아들일 수 있는 용기'(24쪽)가 필요하다고 언급했다. 건강에 별 문제를 느끼지 않다가 어느 날 병에 걸리면 땅이 꺼지듯 모든 것이 무너진다. 그리고 삶에 자신을 잃고 누구엔가 의지하게 된다. 바로 이 순간부터 죽음에 이르기까지 일어나는 일들이 죽음보다 더 두렵다.

과거에는 대가족사회이기 때문에 죽음에 대한 준비를 스스로 미리 고민하지 않아도 의지할 데가 있기도 하거니와 오늘날처럼 장수하지 않기 때문에 죽음에 이르는 시간도 오늘날보다 비교적 짧은 시간에 이루어져서 긴 고통을 겪지 않는 경우가 대부분이었다. 지금은 핵가족인 데다가 장수로 생명이 길어지면서 죽음에 이르는 고통도 같이 비례하여 무척 두렵다.

'아주 나이가 많은 사람들의 경우, 그들이 두려워하는 것은 죽음이 아니라고 말한다. 죽음에 이르기 전에 일어나는 일들, 다시 말해 청력, 기억력, 친구들, 그리고 지금까지 살아왔던 방식을 잃는 것이 두렵다는 것.'(아툴 가완디)이라고 말했다. 또한 '세상에서 가장 좋은 일은 혼자 화장실에 갈 수 있다는 것이 얼마나 행운인지 몰라요'(203쪽)라며, '요양원이나 전단계인 어시스티드리빙 시설은 노인들을 위해서라기보다 그들의 자녀들을 위해 만들어졌다는 점이다. 노인들이 어디에서 살지를 결정하는 사람은 대개 자녀들이다.'이라는 충격적인 결론을 전했다.

누구나 죽는 순간까지 아프지 않고 스스로 화장실에 갈 수 있기를 소망한다. 그러나 원하고 노력한다고 다 이루어지지 않는다. 어쩔 수 없이 병이 들면 요양원이 있다는 것이 다행이지만, 죽음자체보다 죽기까지의 고통이 삶을 더욱 두렵게 한다.

지금까지 살면서 삶이 내 뜻대로 되지 않는다는 것을 수도 없이 체험하였음에도 엄마의 죽음도 아버지처럼 가족이 함께 있는 데서 맞이하기를 기대했던 것이 내 소망이었다. 또한 텔레비전나 영화에서 본 것처럼 가까운 사람에게 유언을 한 후 숨을 거두는 거라고, 무의식적으로 생각하고 있었다. 그래서 엄마도 운명하시기 전에 내게 유언을 하시리라 믿었다. 유언하는 것 자체가 나를 용서하시는 것이라 생각했고, 용서받고 싶은 마음이 간절했기 때문이다.

살아보지 않은 삶은 책으로나 앞선 사람에게 듣고 이해하지만, 실제로 몸과 마음에 와 닿지는 않았다. 그렇다고 늙음을 위한 미래만을 준비하기에는 현재의 삶까지 우울하고 힘겹지 않은가.

나카노 고지도 그의 저서 『행복한 노년의 삶』에서 "진정한 생명은 지금 말고는 없다."며 미래보다는 현재의 귀중함을 일깨우면서 "몸과 마음을 조용히 쉬게 할 수 있는 것이야말로 노년의 행복이다."(18쪽)며 소박한 길을 제시하였다. 장수가 목적이 아니라 병들지 않고 원하는 일을 할 수 있는 삶이 좋은 인생이다. 한국노인들도 병들지 않고 살다가 가능한 후대에게 폐를 끼치지 않고 좋은 삶으로 끝내기를 원한다. 하지만 현대사회가 부모와 자식의 혈육관계를 점점 등한시하는 방향으로 이끌고 있다.

정보사회로 오면서 생활은 편해졌으나 노년은 현대문명을 쫓아가는데 혼란스러워 헤맨다. 여기에 농경사회에서 길든 전통사상이 사라지면서 부모를 섬겼던 오늘날의 노년은 짧은 기간에 밀어닥친 큰 변화에 길을 잃고 허우적거린다.

핵가족이 많아진 현대사회에서 이제는 가족의 돌봄을 받기가 어려워졌다. 그래도 주위에는 집에서 잘 모시는 가정도 많다. 그런가하면 홀로 살다가 며칠이 지난 후에야 시체로 발견됐다는 뉴스를 종종 접할 수 있는데, 그럴 수밖에 없어서 늦게야 알게 된 그들의 죄책감과 비슷한 심정이 들었다. 그래서 나는 친구나 선후배 등 어느 누구에게도 어머니의 장례를 알리지 않았다.

교통사고와 같은 뜻밖의 죽음을 당하는 사람들도 있지만 대부분 수명이 길어지면서 노년은 병과 싸우며 지낸다는 보도에 접하고 있다. 밝은 소망은 거의 없구나! 나이가 든다는 것은 정말로 희망도 계속해서 하나씩 잃게 되는 것이 아닌가 싶다.

영국에서 임종하는 환자를 많이 체험한, 가장 존경받은 신경외과의사이자 섬세한 문필가인 헨리마시(Henry Marsh)는 '괜찮은 죽음'은 심장마비나 뇌졸중으로 기왕이면 자는 동안 빨리 끝나면 좋고, 좋은 죽음을 맞이하기 위해서는 살아서 후회 없이 열심히 살아야 한다는 조건이 따른다고 했다. '건강하게 장수한 끝에 내 집에서 고통 없이 빠른 기간에 가족의 보살핌을 받으며 맞이하는 죽음'(『참 괜찮은 죽음』)이 가장 바람직한 죽음이라고 한다.

국민일보(2018년 10월 12일자) 「태원준 컬럼」에서는 '좋은 죽음'을 다음과 같이 정의했다.

서울의대 윤영호 교수팀은 환자와 가족에게 어떤 죽음이 좋은 죽음인지를 물었다. 끝까지 의식이 명료한 죽음, 주변이 마무리된 죽음, 영적 안녕상태의 죽음 등 10가지를 제시했는데 가장 많은 답변은 '가족에게 부담을 주지 않는 죽음'이었다. 이렇게 한국에서는 아직도 가족에게 폐를 끼치지 않는 죽음을 좋은 것으로 생각하는 반면 서양 사람들은 '마지막까지 통증이 없는 삶'을 꼽았다.

주위에서 80대 할머니가 100세 어머니를 모시는 것을 보았다. 나는 참으로 엄마에게 미안했다. 젊어서부터 강하지 못한 육체가 나를 겁쟁이로 만들어서 노년인 내가 엄마를 모신다는 용기를 내지 못했기 때문이었다. 그런데 들리는 말에 의하면 100세 어머니를 모시는 분이 넘어져 간병을 못하니 다른 형제들이 서로 미루다가 결국은 요양원으로 가셨다는 소식에 씁쓸했다.

어느 때보다 과학과 의학의 발전에 힘입어 사람들은 역사상 더 나은 삶을, 더 오래 누리는 장수시대에 처해 있다. 하지만 긴 노년으로 말미암아 50대, 60대의 여성들이 친정 부모나 시부모 때문에 스트레스를 많이 받고 있다고 한다. 여성학자 박혜란도 조 피츠제럴드카터의 저서 『엄마 엄마 엄마』를 추천하는 글에서 "요즘 우리 또래의 화두는 어떻게 죽을 것인가로 모아진다. 모두들 아프지 않고 '자는 듯이 죽고 싶다'는 소망을 털어 놓는다. 링거를 주렁주렁 달고 중환자실 침대에서 숨을 멎고 싶지는 않다고 입을 모은다." 그러면서 심장마비나 여행하는 동안 추락 사고를 행복한 죽음이라고 한다. 그만큼 모두의 소망인 '편안한 죽음'은 현실에서 이루어지기 어렵기에 부모 때문에 스트레스를 받는다는 말이 나오지 않는가. 이미 죽음에 가까운 노년은 후대에 스트레스를 주지 않기 위하여 어찌해야

하는가 막막할 뿐이다.

화장실에 혼자 갈 수 없으면 고민할 필요 없이 요양원으로 가야한다고 생각한다. 숙련된 의사와 간호사가 환자의 아픈 곳도 잘 알고 치료방법도 알기 때문이다. 환자는 의식주에 대한 부담을 덜고, 다양한 프로그램을 이용함으로써 고독과 외로움을 잠시라도 잊고 인생 끝자락에서 도움을 받을 수 있기를 바란다. 하지만 요양원은 당사자들이 소중하게 여기는 것이 없는 텅 빈 삶이라는 것도 감안해야한다.

아툴 가완디도 '시간과 더불어 찾아오는 질병과 노화의 공포는 우리가 감내해야하는 상실에 대한 두려움만은 아니다. 그것은 고립과 소외에 대한 공포이기도 하다.'라며 요양원은 아직 그런 문제까지 심층적으로 접근하지 못하는 문제점을 지적했다.

『나는 매일 엄마와 밥 먹는다』의 저자 정성기는 엄마가 치매 진단을 받는다. 1년 이상 살기가 어렵다는 의사의 진단에 '1년쯤이면' 하는 마음으로 엄마를 요양원에 보내지 않고 직접 간병하기로 결심하고 정성을 다해 건강에 좋은 음식을 만들어 드린다. 그는 요리의 레시피를 꼼꼼히 기록하면서 매일 엄마에게 최선을 다한다. 하지만 치매가 진행되고 새벽에 시작되는 엄마의 발광에, 순간순간 같이 죽고 싶다고 생각하기도 하고 '엄마, 나 죽을 것 같아 이제 그만 좀 하세요.라고 소리 지르는 날이 자꾸 늘어났다.'(7쪽) 그러면서도 매일 영양가 있는 음식 레시피를 기록했다. 저자는 요리책이라고 할 정도로 매일매일 '생명의 죽' 재료를 기록했다. '세상에서 가장 맛있는 밥상일기'라는 부제가 있을 정도였다.

시간이 길어지면서 "하느님, 이 몸을 조용히 쉬게 해주세요. 너무나도 오래 힘들게 살아 죄스러우니 하루 빨리 데려 가소서."라고 하고, 마지막에 "나를 사랑하시고 내 어머니를 사랑하신다면 지금 여기에서 두 사람을 같이 거두어주소서.(311쪽)"라는 기도에 이른다. 그리고 엄마가 돌아가시자 그런 마음의 잘못을 긴 편지로 고백한다. 그토록 효성스럽게 매일 식사를 해드리며 돌보았지만 남은 결과는 똑같은 후회다. 매일 좋은 음식을 드리고 기저귀를 갈아드리며 정성을 다했던 '정성기'도 긴 편지로 후회하는 모습을 보며 나는 부끄러움과 동시에 위로도 받는다. 후회하지 않는 사람은 없구나!

헨리마시는 자신의 어머니가 떠나는 순간을 지켰다. 어머니는 마지막 순간 의식을 차렸다 잃었다 하는 동안 모국어인 독일어로 이렇게 되뇌셨다. "멋진 삶이었어. 우리는 할 일을 다 했어."(『참 괜찮은 죽음』 p275)라고 자신의 삶을 만족스럽게 살았음을 남기고 떠난 어머니에 얼마나 평안했을까. 그런 사람은 정말 값진 삶을 살지 않았을까.

또한 최해운의 엄마도 "괜찮은 삶이었다. 후회 없는 인생이었다."(『누구나 한번은 엄마와 이별한다』)고 고백했다.

"어머니의 '잘 산 인생'에 거창한 이유 같은 것이 없었다. 자식 낳아 다 장성해 있고, 많지도 않은 여행 경험과 쓸 줄 안다는 것, 지극히 단순하고 소박한 것들이 어머니의 인생이었고 잘 살아 낸 것이 정의의 근거였다."(『누구나 한번은 엄마와 이별한다』)

많이 배우지 않았어도 모두 일가를 이루고 사는 자식들을 두 달 동안 두루 살피고 삶을 마감하면서 '후회 없는 삶'이라는 유언을 남기고 떠난, 최해운의 엄마는 참으로 복된 삶을 누린 것 같다. 무엇보다도 여덟 자식들이 서로 오순도순 챙기며 사는 삶에 만족했을 것이다.

"어머니가 호스피스에서 '내 한 인생 참 잘 살았다'고 말씀하셨을 때, 나는 그간 어머니의 고생과 아픔과 슬픔이 다 잊히는 것을 느꼈다."(『누구나 한번은 엄마와 이별한다』)는 저자가 부러웠다.

엄마가 쓰러지신 뒤 떠나시기까지 경제적으로나 몸으로 엄마를 보살핀 것은 나와 두 아들 세 사람이었다. 말하지 않아도 다섯 자식의 형편을 아는 엄마는 "참 잘 살았다."고 말할 수 없으리라. 내가 엄마와 함께 장사를 해서 가족을 돌보았다면 지금보다 엄마에게는 기쁨을 드리고 동생들과는 더 좋은 관계로 살았을까.

이제는 맏아들과 맏딸이 없는 시대다. 대부분 결혼도 하지 않고 결혼을 해도 자식을 낳지 않겠다는 세상이 도래했다. 평생을 홀로 살다가 홀로 죽는 삶이기에 가족들 앞에서 맞이하는 '좋은 죽음'이 존재할까. 이런 사회에서 노년은 홀로 죽음에 이르기까지 어떻게 준비하고 실천해야 하는가에 대한 의지를 다져야하지 않을까.

노년이 되면 정신과 육체 모두 외롭고 약해진다. 앞서 떠나는 부모를 위하여 할 일은 아주 소박하다. 우선 들어주기를 원하는 말에 무조건 귀를 기울이며, "맞아요!"라는 말로 응원하고, 때때로 "엄마 사랑해요."라며 안아드리고, 먼 거리에 살아서 자주 찾아뵐 수 없다면 전화로 목소리를 자주 들려드리는 것이 기쁨이다.

현대사회는 일인가구 시대로 변화하기에 가족의 돌봄을 기대하기 어렵다. 노후는 어느 순간 오기에 스스로 주체가 되어 노년기를 준비해야한다. 노년에 접어들면서 병들지 않기를 힘쓰면서 혹 병이 들면, 국민의료보험에 의지해서 치료를 받으며, 가능한 몸을 끝까지 움직여서 타인의 도움을 덜 받도록 노력해야한다.

병으로 어쩔 수 없이 용변을 스스로 해결할 수 없을 경우에 이르면 고민하지 말고 요양원이나 병원에 의존해야한다. 그때는 시설의 좋고 나쁨보다는 자신이 익숙한 동네를 택하는 것이 좋다. M, 스캇펙가 『길을 떠난 영혼은 한 곳에 머물지 않는다』에서 '죽음에 임박한 사람들이 편하게 임종을 맞게 해주는 곳, 즉 호스피스라는 전혀 새로운 기관들이 생겨났다.'고 말했듯이 말기암 환자처럼 죽음의 시간을 미리 짐작할 수 있다면 자신과 가족 모두에게 평안한 죽음을 맞이할 수 있는 호스피스의 도움을 받는 것이 좋다.

긴 병에 효자가 없다는 옛말도 있지만, 미쓰우라 신야는 자신이 엄마의 치매를 간병하면서 얻은 경험을 토대로 엮은 책『엄마 미안해』에서 '노인의 간병은 본실적으로 가정에서 해결할 수 없다.'고 한다. 더 나아가서 "고령화 문제는 남의 일이 아니다. 세상에 늙지 않는 사람은 없고 죽지 않는 사람도 없다. 고령화는 누구나 언젠가 직면할 우리 모두의 문제다." 라고 결론을 맺으며 '간병은 사회적 사업'이라고 했다.

한 개인이 죽음을 감당하기 어려운 현대 사회에서 "장수가 재앙이 아닌 축복이 되려면 정부가 일반적인 노인이 아닌 초 고령층을 대상으로 독자적인 정책과 대책을 준비해야한다."(2018년 10월 10일자 동아일보)고 김하경 기자도 같은 결론이었다.

국가정책도 중요하지만, 우선 노인도 자신의 삶을 귀하게 마무리하기 위하여 스스로 변해야 할 측면도 많다. 존엄을 지키면서 늙도록 힘써야 한다. 시대변화에 떨어짐을 받아들이면서, 또 한편으로는 늙음은 무능력한 존재라는 생각에서 벗어나기 위하여 날마다 자신에 맞는 일을 찾아야한다. 유성호는 "노동은 보약이다. 건강이 허락할 때까지 밖에서 일하는 것이 최고의 보약이다."(55쪽)라고 권한다. 늙었다고 의지하려 하지 말고, 가능한 매일매일 몸을 움직여 자신에 속한 일은 스스로 행함으로써 자신과 국가 모두에게 부담을 덜어주고, 행복한 삶으로 끝나는 길로 힘써야한다. 정말로 장수라는 길이 기쁨보다는 아득하게 어렵고 괴롭다. 때로는 안락사를 바라는 심정에 이르기도 한다.

# 책 끝에

명절이 가까워 오면 맏아들 집에서 다섯 형제와 손자손녀가 함께 보내기를 바라셨다. 하지만 그때마다 나는 엄마에게 죽이 되든 밥이 되든 간섭하지 말라고 냉정하게 말했다. 거짓으로라도 엄마의 말을 긍정했어야 했는데….

떠나시고야 엄마가 평생 겪은 고통들이 영화의 장면처럼 떠오르면서, 너무 외롭고 불쌍하게 살다가 가신 엄마를 그대로 방치했다는 후회가 가슴을 친다. 후회해도 용서를 해줄 엄마는 이제 세상에 계시지 않는다.

생각해보니 아기가 된 엄마는 어린아이 같아야 메시아 나라에서 환영받는다는 기독교 신앙의 화신이었나 보다. 일생을 착하고 부지런하게 남을 도우며 살았던 엄마가 아기로 살았던 그 뜻을 몰랐던 내가 참으로 부끄럽다.

삶의 마지막 순간을 집중해서 쓴 에세이 『어떻게 죽을 것인가』(아툴 가완디)를 만난 행운과 동시에 엄마의 긴 여정은 '삶의 고결한 마무리'를 위한 '좋은 삶'이었음을 확신하게 되었다.

창밖을 보니 컴컴하고 비바람으로 궂은 날씨다. 그런 날씨에도 불구하고 엄마는 나를 도서관으로 인도하셨다. 떠나시면서 '좋은 삶'을 깨우쳐주신 엄마에게 반성문을 드리며, 헛된 길에서 살아온 내 삶에서 벗어나고 싶다. 아마 지금쯤 하늘에서 나의 간구를 받아주시리라 믿는다. 그리고 '괜찮다'고 위로해 주실 것 같다.

## 참고문헌


- M. 스콧펙/ 임기영 옮김(1995)『길을 떠난 영혼은 한 곳에 머물지 않는다』고려원미디어
- 강원남(2018)『누구나 죽음은 처음입니다』, 메이드인
- 권혁종(2002)『어머니의 노래』 조선일보사
- 김상중/ 이경덕 옮김(2010)『고민하는 힘』, 사계절
- 김영수(2016)『사마천, 인간의 길을 묻다』, 위즈덤 하우스
- 김 욱(2017)『삶에 끝에 오니 보이는 것들』, 문예출판
- 나카노 고지/ 장미화 옮김(2003)『행복한 노년의 삶』, 문예출판
- 리사고이치/김미란 옮김(2016)『엄마와 보내는 마지막 시간 14일』, 가나
- 무사 앗사리드/신선영 옮김(2007)『사막별 여행자』, 문학의 숲
- 미쓰우라 신야/ 이정환 옮김(2018)『엄마 미안해』, KMAC
- 박이문(2003)『길』, 미다북스
- 소광희(2001)『시간의 철학적 성찰』, 문예출판
- 아툴 가완디/ 김희정 옮김(2017)『어떻게 죽을 것인가』, 부키
- 유성호(2002)『새는 빈 둥지를 지키지 않는다』, 미래를 위하여
- 유호정(2010)『죽음에서 삶을 묻다』, 사스피엔스디
- 일이자베스 퀴블러스/ 강대은 옮김(2008)『생의 수레바퀴』, 황금부엉이
- 정성기(2016)『나는 매일 엄마와 밥을 먹는다』:스머프할배의 세상에서 가장 맛있는 밥상일기, 헤이북스
- 최해운(2018)『누구나 한번은 엄마와 이별한다』, 이와우
- 추가옥(2016)『우리가 결코 알지 못하는 노년의 삶』, 들녘
- 헨리 마시/ 김미선 옮김(2016)『참 괜찮은 죽음』-어떻게 받아들이고 준비할 것인가, 더퀘스트

엄마, 이제는 눈물이네요!

윤수영 지음

1판 1쇄 인쇄/ 2019년 6월 10일
1판 1쇄 발행/ 2019년 6월 15일

지은이 / 윤 수 영
펴낸이 / 우 희 정
펴낸곳 / 도서출판 소소리

등록 / 제300-2007-21호
주소 03073 서울 종로구 성균관로 5길 39-16
전화 / 765-5663, 010-4265-5663
e-mail: sosori39@hanmail.net
www.sosori.net

값 12,000 원



ISBN 979-11-5891-124-9 03810